浅瀬を行く船にも似て

―19世紀アメリカンボードの宣教思想Ⅱ 1851-1880―

はしがき

　夏休みを利用して西南学院大学の『国際文化論集』に発表してきた11本の論文をまとめ『浅瀬を行く船にも似て──19世紀アメリカンボードの宣教思想Ⅱ 1851-1880 ─』の原稿を整えることができた。ところが、原稿の山を前にするとよみがえってくる様々な思いに身を任せるしか仕方がなかった。

　『19世紀アメリカンボードの宣教思想Ⅰ　1810-1850』の出版は2005年3月である。それから直ちに『浅瀬を行く船にも似て──19世紀アメリカンボードの宣教思想Ⅱ 1851-1880 ─』の執筆作業に掛かり、11本の論文を書いた。発表日時は次の通りである。

『国際文化論集』第20巻第1号、2005年4月、
　　「19世紀アメリカンボードの宣教思想Ⅱ（1）」。
『国際文化論集』第20巻第2号、2006年1月、
　　「19世紀アメリカンボードの宣教思想Ⅱ（2）」。
『国際文化論集』第21巻第1号、2006年5月、
　　「19世紀アメリカンボードの宣教思想Ⅱ（3）」。
『国際文化論集』第23巻第2号、2009年3月、
　　「19世紀アメリカンボードの宣教思想Ⅱ（4）」。
『国際文化論集』第32巻第2号、2018年2月、
　　「19世紀アメリカンボードの宣教思想Ⅱ（5）」。

『国際文化論集』第 33 巻第 1 号、2018 年 8 月、
　「19 世紀アメリカンボードの宣教思想 II（6）」。
『国際文化論集』第 33 巻第 2 号、2019 年 2 月、
　「19 世紀アメリカンボードの宣教思想 II（7）」。
『国際文化論集』第 34 巻第 1 号、2019 年 8 月、
　「19 世紀アメリカンボードの宣教思想 II（8）」。
『国際文化論集』第 34 巻第 2 号、2020 年 3 月、
　「19 世紀アメリカンボードの宣教思想 II（9）」。
『国際文化論集』第 35 巻第 1 号、2020 年 9 月、
　「19 世紀アメリカンボードの宣教思想 II（10）」。
『国際文化論集』第 35 巻第 2 号、2021 年 3 月、
　「19 世紀アメリカンボードの宣教思想 II（11）」。

　発表時から分かるように 16 年もかかっている。しかも、「（4）」を発表した 2009 年 3 月から「（5）」を出す 2018 年 2 月までに 9 年の月日が空いている。何があったのか。

　実は 2003 年 1 月に交通事故に遭い、左耳の内耳を痛めていた。そのためにたえず目眩があり、日本語文献も英語文献も読めない日々が続いていた。1 年ほど経ってある程度日本語文献が読めるようになってからも英語文献は読めなかった。それに医師から飛行機に乗ることを厳禁され、ボストンへの資料調査は行けなくなっていた。そのような状態で目眩と頭痛に悩まされながら何とか「（1）」「（2）」「（3）」を書いた。見通しのつかない中で資料を読み、分析し、論文にまとめた日々を昨日のことのように記憶している。ただし、資料の描き出している展開には興味深いものがあった。ところが、「（3）」を書いた直後の 2006 年 6 月に脳梗塞を発症し、入院した。入院中に脳幹にも脳梗塞を起こした。しかも、2008 年 1 月には再度脳梗塞を発症し入院している。それから 1 年後の 2009 年 3 月に「（4）」を発表し、この時点で『浅瀬を行く船にも似て

— 19世紀アメリカンボードの宣教思想Ⅱ 1851-1880 —』の執筆は断念した。

　脳梗塞の後遺症で特に右足の麻痺がひどかった。そのために週に１度はリハビリを受けていた。ある時、担当の作業療法士から「命があってよかったですね」と言われ、その言葉が強く心に残った。同じ頃、癌を患っていた同僚から明るく「与えられた日々に、今、自分にしかできないことに取り組んでいる」と言われた。これら２つの言葉が心に響き、「与えられた命で、今、自分にしかできないこととは何なのか」を考えた。そして、2009年秋に『キリスト教教育と私』の執筆を始め、アメリカンボードの研究は断念した。それから足かけ10年の月日をかけて『キリスト教教育と私　前篇』（2012年５月）、『キリスト教教育と私　中篇』（2015年10月）、『キリスト教教育と私　後篇』（2018年３月）を出版した。自らの健康状態、不自由な体、限られた研究時間、これらを熟慮して重い気持ちでアメリカンボード研究は断念したのだった。

　ところが、『キリスト教教育と私』を終えようとしていた時、なぜかあの重い気持ちが軽くなっていた。軽い気持ちが「書ける範囲でアメリカンボードを執筆すればよいのではないか」と自らに呼びかけていた。そこで、語りかけを素直に聞いてアメリカンボード研究を再開し、「（５）」「（６）」「（７）」「（８）」「（９）」「（10）」「（11）」と執筆した。今回は対象となる人物や出来事への共感性が推進力となっていた。

　メインタイトルに込めた思いを最後に紹介しておきたい。「浅瀬を行く船にも似て」はベベクセミナリーの舵を握り続けたハムリンの言葉である。現場の厳しい状況を譬えて、彼は「岩場や浅瀬、サンゴ礁の間を行く船のようである」と言った。同じ厳しさがウードゥヴィレ女学校の責任を負ったアグニューにも、日本ミッションの一翼を担ったグリーンにも言える。一見、順調に見えるグラウトもおそらく病のため15年余りでアフリカを後にしている。なぜか。やはり緊張の絶えない現場であったと思われる。裏表紙に掲載されているモーニングスター号の主

たる活躍の場はミクロネシアであった。当時のミクロネシアにおいて浅瀬で難破した船があった事実と宣教師が長期にわたって食糧危機にあった事実をストロングは紹介している。("In Micronesia", Strong, W. E., *The Story of American Board*, pp. 227 〜 249.) モーニングスター号の活動も困難な浅瀬を前にしていたことが推測される。彼らの厳しい活動状況に思いを寄せながら、ふと事故と病による後遺症で長く中断せざるをえなかった本書執筆の日々も「浅瀬を行く船のようではなかったか」と頭をよぎった。置かれた状況の類似性が宣教師への共感性を深めたに違いない。

〈目　次〉

凡　　例

1　海外宣教団体とそれに準じる団体の日本語表記は次の通りとした。

アメリカンボード：American Board of Commissioners for Foreign Missions

アメリカ改革派教会

アメリカ長老派教会

ハワイ福音連盟：Hawaiian Evangelical Association

2　アメリカンボードの組織等に関する日本語表記は次の通りとした。

年次総会：Annual Meeting

年次報告書：Annual Report

運営委員会：Prudential Committee

通信幹事：Corresponding Secretary

ミッション：Mission

ステーション：Station

3　人名の表記は次の通りとした。

人名は通常、姓だけを表記した。ただし、欧米人で初出の場合、姓をカタカナで表記した後に、（　）内に英字で姓名と生没年を入れた。

4　地名の表記は次の通りとした。

文献で使用されている地名が現在の地名と一致する場合、初出の際に地名をカタカナで書き（　）内に英語表記を記した。中国の地名の場合は、まず漢字で書き（　）内に英語表記とカタカナ表記を書いた。

文献で使用されている地名が現在と違う場合、文献で使用されている名称を尊重した。

文献に表記されている地名で、現在の地名が不明で読み方も分からない場合は、英語表記をそのまま記した。英語の読み方が分かる場合は、カタカナで書いた後に（　　）内に英語表記を記した。

第1章　アメリカンボードをめぐる状況

序

　19世紀アメリカンボード宣教思想研究は第2期（1851–1880）に入る。この時期は、その間に南北戦争（The Civil War 1861–1865）を挟んでいる。南北戦争は、しかし、第2期に起こった1つの出来事とみなすことはできない。むしろこの戦争は、第2期を通じてキリスト教諸団体の立場を、その根本から規定することとなった。すなわち、戦前においては奴隷制をめぐる対応によって、戦争中は政治的分裂と戦争をめぐる対応によって、戦後もキリスト教団体の分裂をめぐる対応によってキリスト教会を規定した。

　ニーバー（Niebuhr, H. Richard 1894–1962）は『アメリカ型キリスト教の社会的起源』において、キリスト教諸教派の南北戦争への対応をめぐって古典的分類を行っている[(1)]。ニーバーによると、セクト的性格を持つ教派は奴隷制という道徳的問題をめぐって早い時点で分裂し、この問題が解決した後も合同を回復できなかった。メソジスト派とバプテス

---

(1)　Niebuhr, H. Richard, *Social Sources of Denominationalism*, pp.187-199.
　　　柴田史子訳『アメリカ型キリスト教の社会的起源』174-183頁。

ト派がその典型である。それに対して、教会的性格を持つ教派は南北の
政治的対立によって分裂したが、政治的に統一すると一致を回復した。
長老派・ルター派・聖公会がこのタイプに属する。

　それでは、アメリカンボードは南北戦争に対してどのように対応した
のか。また、南北戦争はアメリカンボードをどのように規定したのか。
そこで、南北戦争とアメリカンボードに関する検討から第2期の研究を
始めたい。ところで、この問題に対する本格的な研究は先行研究におい
て見られない。それは従来の研究者にとって、とりわけ、ボードが存続
していた時期の研究者にとって、第2期におけるボードの南北戦争への
対応は適切だと認められていたので、この問題を研究対象とする意識が
生じなかったためだと考えられる。

1 南北戦争とアメリカンボード

(1) 支持者の地域分布

　南北戦争とアメリカンボードの関わりを考察するにあたって、まず
ボード支持者の地域分布を検討する。南北戦争に対するボードの態度決
定には支持者の地域分布が決定的な影響を与えたと考えられるためで
ある。支持者として具体的に検討するのは、会員（Corporate Member）
の地域分布とその推移である。会員はボードを中心になって担っていた
と見られるからである。

　アメリカンボードの年次報告書を見ると、毎回その冒頭に会員と名誉
会員（Honorary Member）の氏名を州（「コロンビア特別区」を含む）
ごとにまとめて記載している。年次報告書のこのような書式は、これら
会員と名誉会員が年次総会の議員資格者であったことを推測させてい
る。会員を選択する基準や方法については、ヘラルド誌に報告記事があ
る。ヘラルド誌はまた、名誉会員としてふさわしい資格についても報
[(2)]
告している。ただし、いずれの記事にもボードにおける会員の責任・役
割・権限などに関する規定を見ることはできない。

　したがって、会員に関する厳密な定義は不明ではあるが、会員が中心
になってボードを担っていたことは疑い得ない。そこで、会員の地域
分布とその推移からボードの支持地域を検討することは十分な妥当性
を持つ。

　アメリカンボードの会員数分布とその推移を検討するために、「表1
アメリカンボード会員数一覧表（1851–1880）」を作成した。「表1」を

---

(2)　"Annual Meeting of the Board," *The Missionary Herald*, November 1875, p.333.
　　 "Annual Meeting of the Board," *The Missionary Herald*, November 1876, p.362.

作成するための資料はすべて、ヘラルド誌に掲載されている年次報告書から採用した。[3]

---

(3)　アメリカンボードは1851年度に第42回年次総会を開き、1880年度には第71回年次総会を開催している。それぞれの年会記録は下記に報告されている。

"Proceedings of the Annual Meeting," *The Missionary Herald*, October 1851, pp.337–365.

"Forty-Third Annual Meeting," *The Missionary Herald*, October 1852, pp.289–315.

"Forty-Fourth Annual Meeting," *The Missionary Herald*, November 1853, pp.321–349.

"Forty-Fifth Annual Meeting," *The Missionary Herald*, October 1854, pp.289–319.

"Forty-Sixth Annual Meeting," *The Missionary Herald*, October 1855, pp.289–311.

"Special Meeting," *The Missionary Herald*, April 1856, pp.97–103.

"Forty-Seventh Annual Meeting," *The Missionary Herald*, December 1856, pp.353–371.

"Forty-Eighth Annual Meeting," *The Missionary Herald*, October 1857, pp.313–337.

"Forty-Ninth Annual Meeting," *The Missionary Herald*, October 1858, pp.297–311.

"Annual Meeting," *The Missionary Herald*, November 1859, pp.321–341.

"Annual Meeting," *The Missionary Herald*, November 1860, pp.321–343.

"Annual Meeting," *The Missionary Herald*, November 1861, pp.321–332.

"Annual Meeting of the Board," *The Missionary Herald*, November 1862, pp.329–350.

"Annual Meeting of the Board," *The Missionary Herald*, November 1863, pp.321–338.

"Annual Meeting of the Board," *The Missionary Herald*, November 1864, pp.329–351.

"Annual Meeting of the Board," *The Missionary Herald*, November 1865, pp.329–354.

"Annual Meeting of the Board," *The Missionary Herald*, November 1866, pp.321–355.

"Annual Meeting of the Board," *The Missionary Herald*, November 1867, pp.329–361.

"Annual Meeting of the Board," *The Missionary Herald*, November 1868, pp.345–381.

"Annual Meeting of the Board," *The Missionary Herald*, November 1869, pp.353–386.

"Annual Meeting of the Board," *The Missionary Herald*, November 1870, pp.337–363.

"Annual Meeting of the Board," *The Missionary Herald*, November 1871, pp.321–348.

"Annual Meeting of the Board," *The Missionary Herald*, November 1872, pp.329–360.

"Annual Meeting of the Board," *The Missionary Herald*, November 1873, pp.337–360.

"Annual Meeting of the Board," *The Missionary Herald*, November 1874, pp.329–358.

"Annual Meeting of the Board," *The Missionary Herald*, November 1875, pp.321–355.

"Annual Meeting," *The Missionary Herald*, November 1876, pp.337–370.

"Annual Meeting of the Board," *The Missionary Herald*, November 1877, pp.337–369.

"Annual Meeting of the Board," *The Missionary Herald*, November 1878, pp.353–380.

"Annual Meeting of the Board," *The Missionary Herald*, November 1879, pp.404–434.

"Annual Meeting of the Board," *The Missionary Herald*, November 1880, pp.412–435.

表1　アメリカンボード会員数一覧表（「コロンビア特別区」を含む）（1851-1880）

＊一覧表における州の名称（「コロンビア特別区」を含む）と数値はヘラルド誌から採った。

	51	52	53	54	55	56	57	58	59	60	61	62	63	64	65	66	67	68	69	70	71	72	73	74	75	76	77	78	79	80	計
①メイン州	7	5	2	6	5	4	6	2	2	7	1	2	2	6	3	3	2	4	1	1	6	4	0	4	2	3	3	1	3	4	103
②ニューハンプシャー州	4	1	1	3	0	2	2	1	2	3	1	4	2	7	2	5	4	5	3	7	5	6	1	7	0	4	4	1	1	5	93
③ヴァーモント州	4	4	1	4	5	5	6	3	3	6	2	5	5	2	3	4	2	3	2	5	4	2	1	6	2	5	4	2	6	5	106
④マサチューセッツ州	30	24	14	26	21	25	28	13	21	33	11	26	19	31	10	28	15	32	16	25	32	33	9	31	21	41	37	15	33	48	748
⑤ロードアイランド州	2	1	1	2	2	1	2	2	2	2	2	2	2	2	1	2	2	3	2	4	5	4	2	3	3	5	6	3	3	4	77
⑥コネティカット州	9	12	7	17	8	15	13	3	8	12	4	12	8	12	2	12	5	13	4	11	11	18	4	9	4	12	17	4	19	13	298
⑦ニューヨーク州	16	20	8	26	32	28	15	7	16	18	15	22	25	22	14	28	23	25	19	30	12	15	3	10	4	11	8	4	9	8	493
⑧ニュージャージー州	4	5	1	6	4	10	6	3	6	5	5	4	1	2	1	2	3	3	2	5	1	2	0	0	0	1	0	1	0	0	84
⑨ペンシルバニア州	4	4	0	4	2	9	2	1	9	2	2	3	1	3	2	4	3	3	3	3	3	2	0	0	1	1	1	0	1	1	71
⑩オハイオ州	3	3	5	0	1	0	0	5	0	1	7	1	2	1	2	2	4	6	6	5	3	3	3	2	6	4	5	4	4	5	93
⑪インディアナ州	1	1	1	1	1	0	0	2	0	0	0	0	0	0	0	0	1	1	1	0	1	0	0	1	2	0	0	0	0	0	17
⑫ミシガン州	–	2	2	0	1	2	1	0	3	0	2	0	0	1	0	1	0	2	2	2	0	2	2	0	1	4	1	1	2	4	35
⑬イリノイ州	–	2	3	3	5	1	0	0	5	1	4	1	2	2	0	12	1	0	3	1	1	4	5	5	12	3	2	12	8	2	103
⑭ウィスコンシン州	–	2	0	0	0	1	0	5	2	4	0	0	0	0	0	0	0	1	3	0	4	2	3	1	0	0	5	3	1	2	32
⑮アイオワ州	–	1	0	0	0	0	0	1	0	1	0	0	0	0	0	0	1	1	1	0	1	0	2	2	1	0	0	4	0	2	23
⑯ミズーリ州	–	–	–	–	0	0	0	0	1	0	1	0	0	0	2	0	0	0	0	0	0	0	0	1	1	0	1	0	2	0	10
⑰ヴァージニア州	–	–	1	1	0	1	0	0	1	1	0	0	0	0	0	0	0	0	0	0	0	0	0	0	0	0	0	0	0	0	5
⑱メリーランド州	–	–	–	–	0	1	0	0	0	0	0	0	0	0	0	0	0	0	0	0	0	0	0	0	0	0	0	0	0	0	1
⑲コロンビア特別区	–	–	–	–	–	1	1	0	1	0	0	0	0	0	0	0	0	0	0	0	0	0	0	0	0	0	1	0	0	3	10
⑳ミネソタ州	–	–	–	–	–	–	–	–	–	0	–	–	–	–	0	0	0	0	1	0	0	0	0	2	1	0	0	3	0	1	11
㉑カリフォルニア州	–	–	–	–	–	–	–	–	–	–	–	–	–	–	0	0	0	0	0	0	0	1	1	0	0	0	0	0	0	1	3
㉒ダコタ州	–	–	–	–	–	–	–	–	–	–	–	–	–	–	–	–	–	–	–	–	–	–	–	–	–	–	–	–	1	0	1
㉓アラバマ州	–	–	–	–	–	–	–	–	–	–	–	–	–	–	–	–	–	–	–	–	–	1	–	–	–	–	–	–	0	–	1
計	84	87	47	99	87	113	82	53	73	94	59	84	68	91	53	93	66	104	66	100	85	97	37	84	70	92	89	64	89	106	2,418

　「表1」は、左端に州（「コロンビア特別区」を含む）を並べている。州の順序はヘラルド誌に記載されていた順番に従ったもので、新しく加わった州についてもその順序に従っている。表の下段は各年度の会員総数である。総数は年度によってかなりの相違があり、最低は1873年度の37名、最高は1856年度の113名である。上段には1851年度から1880年度までの各年度を置き、右端には各州の30年間ののべ会員数を記している。のべ会員数にも1名から748名までの大きな開きがある。

　のべ会員数を、全体の状況を考慮しながら、4種類に分けた。次の通りである。

　a）のべ会員数150名（1年平均5名）以上の州

　b）のべ会員数60名（1年平均2名）以上の州

　c）のべ会員数10名（1年平均0.3名）以上の州

　d）のべ会員数9名以下の州

のべ会員数によって区分された4種類の地域を地図に書き込むことによって、「図1　アメリカンボード会員数の分布図　（1851-1880）」を作成した。

　「図1　アメリカンボード会員数の分布図　（1851-1880）」は、ボードの支持基盤を示している。ボードの主要な基盤となっていたのは、a）b）に分類される地域で、①メイン州　②ニューハンプシャー州　③ヴァーモント州　④マサチューセッツ州　⑤ロードアイランド州　⑥コネティカット州　⑦ニューヨーク州　⑧ニュージャージー州　⑨ペンシルバニア州　⑩オハイオ州　⑬イリノイ州　である。これらの地域はニューイングランドから南に向かってはニューヨーク州、ペンシルバニア州、ニュージャージー州へと広がり、西には五大湖の南岸をオハイオ州、インディアナ州、イリノイ州へと広がる。これらの州はいずれも自由州に属した。

　「図1」から支持地域の広がりを見ると、主要な基盤地域から一方は五大湖の北部あるいは西方へと広がっている。他方、合衆国南部へも広がりを示し、⑯⑰㉓は奴隷州であった。

　「図1」に「表1　アメリカンボード会員数一覧表　（1851-1880）」を重ねることによって、分布地域の推移を確認できる。南北戦争が勃発するまでに会員を送り出していたのは、①から⑰までの州である。その地域はニューイングランドから南はヴァージニア州へ、西には五大湖の周辺地域までを含む。これらの州の中には奴隷州であった⑯ミズーリ州と⑰ヴァージニア州 が含まれていた。ところが、南北戦争が始まった

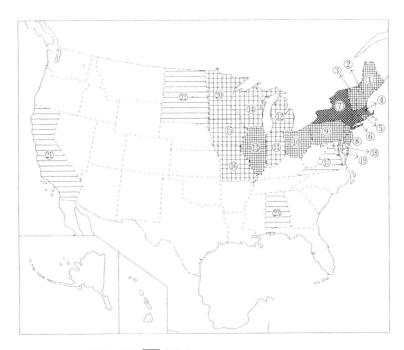

a）に分類される州 ▒ ④⑥⑦
b）に分類される州 ▦ ①②③⑤⑧⑨⑩⑬
c）に分類される州 ▦ ⑪⑫⑭⑮⑯⑲⑳
d）に分類される州 ▤ ⑰⑱㉑㉒㉓

図1　アメリカンボード会員数の分布図　（1851-1880）

1861年以降、⑰が会員を送り出していないのに対し、⑯は戦争中も戦後もそれまでとほぼ同じ頻度で会員を送り出している。⑯と⑰の間に認められる違いは、どのような事情から生じたのであろうか。⑯は奴隷州ではあったが、南部連合軍に加わっていなかった事情があるのかもしれない。

　南北戦争中に新たに会員を送り出した州はない。戦後になって、4つの州が送り出している。そのうち、3つの州⑳ミネソタ州　㉑カリフォルニア州　㉒ダコタ州は五大湖から西へ向かう地域にあり、㉓アラバマ州だけが南部に位置している。

　このように見てくると、ボードの支持基盤は自由州にあり、その後の広がりも主にかつての自由州においてであったことが分かる。戦前に会員を送り出していた⑰ヴァージニア州は南北戦争を契機としてボードと疎遠になった。全体的な傾向からすると、㉓アラバマ州は例外的な事例である。南北戦争以前から北部を支持地域としたアメリカンボードは、南北戦争によって、その性格を強めたといえる。

（2）南部宣教地域の放棄

　南北戦争によって生じたアメリカンボードの南部地域に対する関わりの変化を、別の観点から見ておきたい。それは具体的には、南北戦争期に起こったボードによる南部宣教地域の放棄に関する考察である。

　アメリカ合衆国南部のアメリカ先住民に対する宣教に関しては、1840年代から教会員の黒人奴隷所有が問題になっていた。しかも、この問題をめぐってボード本部と地元のチェロキーミッション及びチョクトーミッションは見解を異にしていた。なお、両者の見解の相違については、すでに検討している。[4]

---

(4)　塩野和夫『19世紀アメリカンボードの宣教思想Ⅰ　1810-1850』108-132頁、参照。

　アメリカンボードは 1840 年代に奴隷制に反対する立場を示していたが、この姿勢は 1850 年代にはどのように展開したのか。ヘラルド誌に掲載された奴隷制に関する記事やボードの立場を示すいくつかの記事がある。それらの記事から 1850 年代におけるボードの奴隷制に対する対応を検討する。

　ヘラルド誌（1855 年 10 月号）は、アメリカンボードの第 46 回年次総会記録を掲載している。報告記事の中に「チョクトーミッションとチェロキーミッション報告[(5)]」がある。その中にボード運営委員会が提出した 13 項目からなる声明書がある。声明書は奴隷制が倫理的な悪であり、キリスト教的観点から罪である事を繰り返し指摘している。その上で、年次総会がこの声明書への同意を決議し、ボードの立場を明確にしている。この報告はまた、南部地域における黒人奴隷所有をめぐる現実を具体的に記している。すなわち、当時のチェロキーミッションとチョクトーミッションにおいて教会員で黒人奴隷を所有した者の人数や黒人奴隷の人数を記載している。これらの報告記事は、1850 年代にボード本部が黒人奴隷制度と奴隷所有に関する反対姿勢をさらに明らかにしたことを示している。

　国内で明確な奴隷制度反対の立場を強めたことに対応して、アメリカンボードは 1850 年代後半にもう 1 つの奴隷制反対運動を展開していた。フランスの植民地ガボンが基地になっていた奴隷貿易に対する反対運動

---

(5)　"Forty-Six Annual Meeting," *The Missionary Herald*, October 1855, pp.289-311.
　　黒人奴隷の所有をめぐって以下の記述がある。
　　「1854 年にはチョクトー国に、アメリカンボードの管理の下にある 6 教会があった。これらの教会に 536 名の教会員がいたが、そのうち 25 名が奴隷所有者であった。奴隷は 64 名が数えられた。現在、教会は 11 あり、それらの教会に 1094 名の教会員がいる。確認したところ、それらのうち 20 名が奴隷所有者であり、奴隷は 60 名である」。
　　「チェロキーミッションにおいては、1848 年に 5 教会があり、237 名の教会員がいた。そのうち奴隷所有者は 24 名で、23 名の奴隷がいた。現在は、5 教会に 207 名の教会員がいて、そのうち 17 名が奴隷所有者として報告されている」。

である。当時、ボードはガボンで宣教活動を展開していた。そのため現地で活動する宣教師から、奴隷貿易に関する情報が送られてきた。ヘラルド誌（1859年11月号）は、ボードの採択を受けてチーバー博士（Dr. Cheever）がアフリカの奴隷貿易に関する件で合衆国上下両院に請願書を提出したことを伝えている。ヘラルド誌（1860年11月号）はまた、ガボンで奴隷貿易が続けられるようであれば、合衆国大統領と議会に請願書を提出し、フランス（France）への影響力を行使するように働きかけることを考えている[6]。

　アメリカ合衆国内外で黒人奴隷制反対の運動を展開するアメリカンボード本部の立場とその明確な表明は、合衆国南部で黒人奴隷制を容認して宣教活動を行っていた現地ミッションとの関係が、1850年代に入ってさらに困難になっていたことを推測させる。

　19世紀前期にアメリカンボードが最も多くの宣教師を送ったのはアメリカ先住民への宣教活動に対してであり、その主要な地域は合衆国南部であった。この地域に設けられたステーションは政治的理由によって次々と閉鎖されたが、ボードはそれでも南部地域でのアメリカ先住民への宣教活動を継続していた。1850年代に入った時期に、アメリカ先住民に対する宣教地域はどのようになっていたのか。

　1851年度の年次報告書はアメリカ先住民に対する宣教地域を、「オレゴン・チョクトー・チェロキーミッション」と「ダコタ・オジブウェー・ニューヨークインディアン・アベナキミッション」に分けて報告している。1856年度の年次報告書以降、前者の宣教地域は「南西部地域における先住民への宣教」（the missions among the Southwestern Indians）、後者の宣教地域は「北西部地域における先住民への宣教」（the

---

（6）　奴隷貿易に対するアメリカンボードの立場や対応は、以下の記事に見ることができる。
　　　"The slave Trade," *The Missionary Herald*, November 1859, p.336.
　　　"The slave Trade," *The Missionary Herald*, November 1860, pp.333-334

missions among the Northwestern Indians) と表記されている。北西部におけるアメリカ先住民への宣教は南西部地域に続いて取り組まれたのだが、黒人奴隷制の問題や南北戦争による政治的分裂がなかったので、南西部地域より長く継続した。それでも、ボードの「北西部地域における先住民への宣教」で1880年度に残っていたのは、ダコタミッション（1835年開始）だけである。この事実はボードが「南西部地域における先住民への宣教」をどこかの時点で放棄したことを示している。

　アメリカンボードは、いつ、どのような事情によって「南西部地域における先住民への宣教」を放棄したのか。

　ヘラルド誌（1860年11月号）は1860年度の年次報告書に「チェロキーミッションの中止（Discontinuance of the Cherokee Mission）[7]」という短い報告を掲載している。その内容は、運営委員会がチェロキーミッションの中止を申し出たので、委員会はこれを承認したというものである。なお、運営委員会は申し出の中でその理由も示していたとあるが、ヘラルド誌の記事にその理由は記されていない。報告はまた、チェロキーミッションに関して記しているだけだが、この時以降、チョクトーミッションを含む「南西部地域における先住民への宣教」の報告がない。したがって、チョクトーミッションもこの時中止が決定されていたと思われる。

　合衆国南西部地域における宣教活動が廃止されたのは、時期的には南北戦争直前の1859年から1860年にかけてである。中止の理由は記されていないが、教会員の黒人奴隷所有をめぐる対立が調停不可能な事態に陥っていたことや南北戦争の勃発が考えられる。さらに、南北戦争終了後もボードが南西部におけるアメリカ先住民への宣教活動を再開することはなかった。

---

(7)　"Discontinue of the Cherokee Mission," *The Missionary Herald*, November 1860, p.332.

　アメリカンボードの南西部宣教地域の放棄のいきさつとボード支持
者の地域分布の結果を重ねて考えると、南北戦争時にボードが北側の立
場に立ち、その立場から判断し行動したことは明らかであろう。この事
実は、しかし、南北戦争時とその後を通じて、北側の立場がアメリカン
ボードを様々に規制したことをも意味している。

（3）南北戦争に対するボードの立場

　アメリカンボードがヘラルド誌で南北戦争について述べている記事は
意外と少ない。しかし、数少ないこれらの記事だけでも南北戦争に対す
るボードの立場は十分に表明されている。まず、史料を紹介しておこう。
なお、史料はいずれもヘラルド誌に掲載されていた記事である。

① 「ボードの財務状況」（Finances of the Board）ヘラルド誌、1861
　年7月号、219頁。

② 「国家の危機に関する決議」（Resolutions Respecting the National
　Crisis）ヘラルド誌、1861年11月号、329頁。

③ 「現在の反乱と内戦について－海外宣教団体の利害に関係するも
　のとして」（Concerning the Present Rebellion and the Civil War, as
　affecting the Interests of Foreign Missions）　ヘラルド誌、1862年11
　月号、346頁。

③ 「内戦の推移に関して－海外宣教の活動とキリストの王国の進展
　に関係して」（Concerning the Progress of the Civil War, as related to
　the Work of Missions and the Progress of Christ's Kingdom）ヘラル
　ド誌、1863年11月号、335頁。

④ 「発展する国家の状況」（Growing out of the Condition of our
　Country）ヘラルド誌、1864年11月号、348頁。

⑤ 「国内の動向」（Home Proceedings）ヘラルド誌、1865年5月号、
　151頁。

⑥　「発展する国家の状況に関する決議」（Resolutions Growing out of our National Condition）ヘラルド誌、1865年11月号、349頁。

南北戦争に関する第一報をヘラルド誌が伝えたのは、「①ボードの財務状況」においてであった。この記事の中で北部連邦軍の召集を、次のように報じている。

　兄弟たち、4月9日に運営委員会は差し迫った困難をあなたがたに通告することを強いられていた。それから、3日後にはサムター砦が攻撃された。6日後には、75,000人の軍人を召集する大統領の布告がすべての村々に発せられた。

北部連邦軍に対するボードの立場は、「②国家の危機に関する決議」の「決議第一項」冒頭にも、はっきりと記されている。「私たちは政府が反乱軍と戦っていることに深く同意する」。他方、南部連合軍に対しては一貫してその軍隊を「反乱軍」としている。「②国家の危機に関する決議」は、この軍隊について「反乱軍は国家の存在を脅かしている」としている。「④内戦の推移に関して－海外宣教の活動とキリストの王国の進展に関係して」では、「正当な理由のない悲惨な反乱であり、神の秩序である自治政府とその統一、そしてアメリカ国民の生活に対する戦いである」としている。これらの記事は、アメリカンボードが北部政府と連邦軍を全面的に支持していること、南部連合軍を国家の統一を危うくする反乱軍と規定していることが分かる。

　黒人奴隷制度及び奴隷制度と南北戦争の関わりについても、いくつかの言及がある。「②国家の危機に関する決議」には、「その根本的原因である奴隷制が取り去られるように」とある。「④内戦の推移に関して－海外宣教の活動とキリストの王国の進展に関係して」の「決議第1項目」には、「最終的で完全な北アメリカにおける奴隷制度の廃止がこれから

行われる」とあり、「決議第3項目」には「事実、昨年まで奴隷であった数十万人が完全に解放されて、アフリカ系住民への福音の浸透とキリスト教文明化の障害が完全に取り除かれている」とある。さらに「⑤発展する国家の状況」は、「市民政府と自由の原則を採択した地域はどこにおいても、奴隷制の抑圧から世界を解放する傾向を持つだろう」とする。ボードが南北戦争の根本原因を黒人奴隷制度に見ていたこと、また近代的な市民政府は奴隷制を廃止するとみなしていたことが分かる。また、奴隷制の廃止により、解放された黒人への宣教活動が進展することを歓迎していたと思われる。

　いくつかの掲載記事の表題を見れば、ボードが海外宣教活動との関わりで南北戦争に関心を寄せていることがわかる。また、近代国家の理念についても述べている。「②国家の危機に関する決議」の「決議第1項目」では、この戦争が「海外宣教団体の活動継続を危うくしている」と述べている。「③現在の反乱と内戦について－海外宣教団体の利害に関するものとして」では、「私たちが再び関心を寄せるキリスト教の博愛精神による重要な事業と……私たちの国の反乱との関係について認識させられている」とある。近代国家の理念に関しては、たとえば「③現在の反乱と内戦について－海外宣教団体の利害に関係するものとして」に「その根本的原因である奴隷制度が取り去られるように、そして平和・繁栄・正義が私たちのすべての地域において、いつまでも確立するように」とある。また、記事の中にしばしば「自治政府・市民政府・平和・自由・統一」といった近代政府に関係した理念が述べられている。

　アメリカンボードは北部合衆国連邦政府とその軍隊を全面的に支持した。そこには合衆国の統一を保ち、黒人奴隷を解放し、自由・平和・繁栄といった近代的国家の内実を推進することによって、海外宣教活動を積極的に継続していこうとする説得力に満ちた理由があった。しかしながら、そこには放棄された合衆国南部地域における宣教活動をどうするのかという問いがない。政治的な分裂によって生じた宣教活動における

分裂を回復し、南部における宣教活動を再開していこうとする姿勢が見られない。この点において、ボードの立場はセクト的であった。

結　語

　アメリカンボードは南北戦争において北部連邦政府を支持し、その正当性を主張した。当然、ボードの立場と主張は、その後のボードによる宣教活動や宣教思想に様々な影響を及ぼしたことが推測できる。なかでも、黒人奴隷の解放という人権に関わる積極的な意識がどのように影響したのかを検討することは、宣教思想の研究において極めて興味深い。この点について、たとえばヘラルド誌に直接の言及は見られない。そこで、ボード本部の宣教方針、各地ミッションの宣教理解と活動内容、さらに宣教師の思想と行動を検討していく必要がある。

　南北戦争後に、ボードの宣教活動に認められる新しい動きがいくつかある。教育・医療活動に対する積極的な評価[8]、女性宣教師の活躍に対する評価[9]、そして「新しい活動」（the New Work of the Board）とよばれたカトリック圏への宣教活動の開始である[10]。これら新しい評価や活動は、どのような脈絡から生まれてきたのか。そこには、たとえば黒人

---

[8]　教育・医療活動に対する評価は、次の箇所に見ることができる。
　"Annual Survey of the Missions of the Board," *The Missionary Herald*, January 1875, pp.1–3.
　"Missionary Consecration of Pastors," *The Missionary Herald*, November 1876, pp.344–354.

[9]　女性宣教師の活躍に対する評価は、次の箇所に見ることができる。
　"Annual Survey of the Missions of the Board," *The Missionary Herald*, January 1874, pp.4–5.
　"Annual Survey of the Missions of the Board," *The Missionary Herald*, January 1876, pp.1–2.

[10]　カトリック圏への宣教活動については、次の箇所に見ることができる。
　"The Financial Problem connected with the New Work of the Board," *The Missionary Herald*, November 1875, pp.326–329.

奴隷解放という人権意識の高揚との関係があったのか。これらについて
も、今後の検討課題である。

2 各地域における宣教活動

はじめに

　1812年に最初の宣教師をインドとセイロン（スリランカ）に派遣したアメリカンボードは、その後も精力的に宣教活動地域を拡大した。すなわち、1817年にアメリカ先住民の間で活動を開始し、1819年にはハワイ諸島及び中東における宣教活動に着手した。さらに、1829年には中国、1832年には東南アジア、1833年にはアフリカでの活動を始めた。こうして、19世紀半ばにはボードの宣教地域は世界各地に広がっていた。[11]

　この流れを受けて、19世紀中期にアメリカンボードの宣教地域はどのように推移したのか。また、各地域における宣教活動の内容はどのようなものであったのか。ここでは、19世紀中期の宣教活動地域を確認した上で、各地域における活動の内容を概観したい。[12]

---

(11)　塩野和夫、前掲書、参照。

(12)　1880年当時のアメリカンボードの宣教地域は、下記の通りである。
　　　ズールーミッション（Zulu Mission、1835）、
　　　ヨーロッパトルコミッション（European Turkey Mission、1858）、
　　　西トルコミッション（Western Turkey Mission、1836）、
　　　中央トルコミッション（Central Turkey Mission、1847）、
　　　東トルコミッション（Eastern Turkey Mission、1836）、
　　　マハラッタミッション（Mahratta Mission、1813）、
　　　マドゥラミッション（Madura Mission、1834）、
　　　セイロンミッション（Ceylon Mission、1816）、
　　　福州ミッション（Foochow Mission、1847）、
　　　北中国ミッション（North China Mission、1854）、
　　　日本ミッション（Japan Mission、1869）、
　　　ミクロネシアミッション（Micronesia Mission、1852）、
　　　西メキシコミッション（Western Mexico、1872）、
　　　スペイン（Spain、1872）、

　19世紀中期におけるアメリカンボードの宣教活動地域を概観するために表を作成した。「表2　類型化による19世紀中期アメリカンボードの宣教諸地域」である。

表2　類型化による19世紀中期アメリカンボードの宣教諸地域

	A　独立国の地域	B　アメリカに併合された地域	C　ヨーロッパ諸国の植民地
1　古代文明の地域	中国・日本		インド・セイロン
2　無文字社会の地域		アメリカ先住民	アフリカ（ズールー族）・ミクロネシア
3　古代キリスト教の地域	中東		
4　イスラム教の地域	中東		
5　カトリックの地域	スペイン　オーストリア　メキシコ		

　各地域における宣教活動を概観しておきたい。なお地域の順序は、ボードが宣教活動に着手した年代順に従っている。

（1）インド・セイロン[13]

　インドとセイロン（スリランカ）には、1851年に5地域のミッションがあった。ボンベイミッション（Bombay Mission）・アフマドナガルミッション（Ahmednagar Mission）・マドゥラスミッション（Madras

---

　　オーストリア（Austria、1872）、

　　ダコタミッション（Dakotas Mission、1835）、

　　北太平洋協会（North Pacific Institute、1872）。

　　"Statistics of the Missions of the A. B. C. F. M. for the Year 1878-1879."

　　The Missionary Herald, January 1880, p.4.

(13)　インド・セイロンにおける19世紀中期のアメリカンボード宣教活動については、ヘラルド誌の他に次の著作を参考にした。

　　Bartlett, C., *Sketches of the Missions of the American Board*, pp.15-36.

　　Strong, W. E., *The Story of the American Board*, pp.165-185.

　　Goodsell, F. F., *You shall be my Witnesses*.

Mission）・マドゥラミッション（Madura Mission）、そして、セイロンミッション（Ceylon Mission）である[14]。地域社会とのあつれきを抱えながらも、それぞれのミッションは教育活動を中心に着実な発展を遂げていた。ところが宣教活動の発展を背景として、インドとセイロンでは1850年代に宣教活動の内容が大きく変化する。変化の兆しは一部の現場ですでに現れていたが、それを決定づけたのはアメリカから派遣されたボード代表団であった。

　ボードの書記アンダーソン（Anderson, Rufus）と運営委員の一人であったトンプソン（Thompson, A.C.）から構成された代表団は1854年11月にボンベイ（ムンバイ）に到着すると、約7か月間、各地を視察し関係者との会合を重ねてボードの新しい方針を伝えた。この方針は2つの提案を骨格とした。第1は、今後の教育活動を宣教活動に直接寄与するものに限定するという提案である。そのため、広範な教育活動や高等教育への取り組みは廃止される。第2は、現地人教会の設立とその充実を宣教活動の中核とするという提案である。この提案は、現地人の「自給・自治・宣教主体の教会」（a self-supporting, self-government, self-propagating church）と表現された。

　アメリカンボード本部の新方針は現地の関係者に全面的に受け入れられたわけではない。特に高等教育など教育活動からの撤退は、現地関係者にボードに対する失望を与えたと見られる。そのため、宣教活動の後退がいくつかの地域から報告された。そのような中で、現地人教会の設立と充実を目指す活動が着手され、次第に着実な成果をあげていった。各地で現地人教会が設立され、現地人の牧師など指導者も増加した。現地人による献金額も上昇した。ボード派遣宣教師は引き続き宣教活動や神学教育に従事した。女性宣教師の活動もこの時期には重要になっている。

（14）　"Annual Survey of the Missions of the Board." *The Missionary Herald*, January 1852, pp.1-14.

　ミッションの統廃合も行なわれた。1861年にマハラシャトラ地方にあった3ミッション、ボンベイミッション・アフマドナガルミッションとサターラミッション（Satara Mission）は統合して、マラーターミッション（Mahratta Mission）となった。インド南西部の都市、アルコートに1851年に設立されたアルコートミッション（Alcot Mission）は、1857年にアメリカ（オランダ）改革派教会に移管された。マドゥラスミッションはインド・セイロン地域の印刷業務を担当していたが、1864年に閉鎖された。こうして、インドとセイロンにおけるミッション数は、1880年には3となっていた。

　高等教育に関しては、地元のキリスト教関係者や他教派の宣教団体と協力して学校を設立し、運営する形態がこの時期に盛んになった。たとえば、セイロンでは1872年に地元のキリスト教関係者と他教派の宣教団体、及びアメリカンボードが協力してジャフナ大学（Jaffna college）を設立している。

　ヘラルド誌の統計表によると、1878年から79年にかけて3ミッションにおける、「教会数・宣教師総数（女性宣教師）・地元活動者総数（牧師と説教者・学校教師）・会員数・公教育学校数・その生徒数」は次の通りである。[15]

　マラーターミッション「23・22（11）・113（18・52）・1,127・48・827」
　マドゥラミッション「33・28（16）・304（135・154）・2,255・113・2,618」
　セイロンミッション「13・13（8）・69（24・18）・886・135・7,805」

　19世紀中期にボードの新しい方針は宣教活動を地域住民による教会の自給自治を中心に展開した。この方針による宣教活動は、統計表で見

（15）　"Statistics of the Missions of the A. B. C. F. M. for the Year 1878-1879."
　　　The Missionary Herald, January 1880. p.4.

る限り、2つの特色となって現れている。一つは宣教地域が固定したことである。19世紀前期には各地に活動地域の拡大が見られたが、中期には初期に開拓された地域に活動が限定されている。それに対して、教会数や現地人の活動者は大きく増加している。他方、ボードが放棄したはずの公教育学校や従事者、及びその生徒がこの時期にも多いことを統計上の数値は示している。

(2) アメリカ先住民[16]

19世紀前期に、アメリカンボードが最も力を注いだのはアメリカ先住民の間における宣教活動であった。しかし、アメリカ合衆国政府によるチェロキー族の強制移住政策などにより、先住民の間に設けられたステーションは次々と閉鎖されていった。ボードは、それでも先住民の間における活動を継続したばかりでなく、他部族の間において宣教活動を開拓していった。1851年にボードが宣教活動を継続していたのは、ヘラルド誌によると次の通りである[17]。

オレゴンインディアン（Oregon Indians）
チョクトー族（Choctaws）
チェロキー族（Cherokees）
ダコタ族（Dakotas）
オジブエ族（Ojibwes）
ニューヨークインディアン（New York Indians）

---

(16)　アメリカ先住民の間における19世紀中期アメリカンボードの宣教活動については、ヘラルド誌の他に次の著作を参考にした。
　　　Bartlett, C., Ibid., pp.176–216.
　　　Strong, W. E., Ibid., pp.186–195.

(17)　"Annual Survey of the Missions of the Board." *The Missionary Herald*, January 1852, pp.1–14.

第 1 章　アメリカンボードをめぐる状況

アバナキ族（Abenaquis）

　1851年当時にアメリカ先住民の間で6ミッションが継続されていたこ
とは、アメリカンボードが19世紀中期に向けて宣教活動の可能性を残
していたことを意味する。しかし、中期にもアメリカ先住民の間における
る状況が好転することはなかった。民族の事情により、アバナキ族の間
における宣教活動が停止したのは1858年である。翌1859年には、奴隷
制をめぐる立場の違いからアメリカンボードはチェロキーミッション
とチョクトーミッションを閉鎖した。(18)さらに1870年にオジブエ族にお
ける宣教活動をアメリカ長老派教会に移管している。このようにして、
ボードが19世紀中期を通してアメリカ先住民の間で宣教活動を展開し
たのはダコタ族のみである。
　ダコタ族に対する宣教活動はどのようなものであったのか。合衆国と
の協定に従い、ダコタ族は1851年からミネソタ州の西部地域よりダコ
タ州への移住を始めた。移住先が落ち着くと、ボードは新しい土地でス
テーションを開設し、宣教活動を再開した。それは従来通りの教育活動
と教会活動を重視する活動であった。ところが、1862年に合衆国に対す
るスー族の反乱（the Sioux war）が起こる。ダコタ族はスー族の支族で
あった。そのため、スー族の敗戦と同時にダコタ族の人々は捕えられ監
視の下に置かれた。こうして、ある人々はマンケート（Mankato）にあ
る刑務所に投獄され、他の者はスネーリング砦（Fort Snelling）のキャ
ンプ地に収容された。投獄されていた人たちは1863年春にアイオワ州
のダベンポート（Davenport）へ移され、キャンプ地に収容されていた
人たちはミズーリ州のクロークリーク（Crow Creek）へと移送された。
宣教師は刑務所や収容キャンプ地を訪ね、それぞれの場所でキリストの
福音を説いた。

(18)　参照、第1章　1　「(2) 南部宣教地域の放棄」。

　ダコタ族がダコタ州へと解放されると、ボードはその地域における宣教活動を再開した。活動内容はやはり教育活動と教会活動を中心とするものであった。インド・セイロンにおけるように、ボードが宣教方針を変更することはなかった。それでも、ダコタ族の中から、教会の指導者や学校の教師が次第に現れた。1880年当時のダコタ族における「教会数・宣教師総数（女性宣教師）・ダコタ族の活動者総数（牧師と説教者・教師）・会員数・公教育学校数・その生徒数」は、次の通りである。[19]

　ダコタミッション「8・19（13）・34（8・7）・599・4・432」

　1880年の数値は、全体的に大きくはないが、教育活動と教会活動の数値がほぼ並んでいる。このことは、ダコタ族においてボードがいずれの活動も重視して取り組んでいた様子を表現していると思われる。

(3)　中東[20]

　中東の19世紀前期は政治的な不安定さに特色付けられた。そのため1819年に最初の宣教師を派遣して以来、アメリカンボードは宣教地域における活動停止や変更を余儀なくされていた。ボードはそれでも地道な活動を続け、1851年当時のミッションあるいは活動地域は次の通りであった。[21]

（19）　"Statistics of the Missions of the A. B. C. F. M. for the Year 1878-1879." *The Missionary Herald*, January 1880, P.4.

（20）　中東における19世紀中期アメリカンボードの宣教活動については、ヘラルド誌の他に、次の著作を参考にした。
Bartlett, C., Ibid., pp.71-98, 137-160.
Strong, W. E., Ibid., pp.196-226.
Goodsell, F. F., Ibid.

（21）　"Annual Survey of the Missions of the Board." *The Missionary Herald*, January 1852, pp.1 14.

|ヨーロッパ|ギリシャ・ユダヤ人|
|西アジア|アルメニア人・シリア・アッシリア・ネストリウス派|

　中東におけるボードの宣教活動は、19世紀中期においても前期と同様に様々な困難に遭遇しながら継続されるというものであった。このような状況から、中東におけるいくつかの顕著な特色が現れたと思われる。その1つがミッションの全面的な再編成である。その概観を見ておきたい。

　ギリシャにおける活動は、その中心を担った人物の死去により1869年に中止された。それよりも早くユダヤ人に対する活動は1850年代に中止されていた。中東に属するバルカン半島では、ブルガリアやマケドニアで宣教活動が始められていた。これらの地域にコンスタンティノープルを加えて、1858年にヨーロッパトルコミッション（European Turkey Mission）が再編成された。アルメニア人に対する宣教活動がこの時期に進展する。1850年代のオスマン帝国下における信教の自由に関する勅令の発布やアルメニア人団体との協力関係の構築などもその要因である。ミッションの再編成に関しては、アルメニア人を中核として1860年に西トルコミッション（Western Turkey Mission）・東トルコミッション（Eastern Turkey Mission）・中央トルコミッション（Central Turkey Mission）が編成された。シリアミッションは、混乱の中にも堅実な宣教活動を続け、1864年にはシリアプロテスタント大学（Syrian Protestant College）を設立した。その後1870年に、アメリカ長老派教会の宣教団体に移管している。アッシリアにおける宣教活動は、宣教師にとって、様々な危険と隣り合わせていた。1860年に東トルコミッションとして、再編成された。ネストリウス派に対する活動もいくつもの困難を伴う中で堅実に進められていた。1870年にこの活動もアメリカ長老派教会の宣教団体に移管している。

　こうして、19世紀中期に中東におけるミッションは、バルカン半島を

中心とするヨーロッパトルコミッション、コンスタンティノープルのアルメニア人を含む西トルコミッション、かつてのアッシリアミッションを継承した東トルコミッション、そして、地中海の北東岸地帯を対象とする中央トルコミッションとなった。

　中東地域における顕著な宣教活動は、各地域に他団体との協力により高等教育機関を設立したことである。これらの教育機関は、イスラム教徒に対しても開かれていた。このような教育機関として、ロバート大学（Robert College）・シリアプロテスタント大学・アルメニア大学（Armenia College）（後のユーフラテス大学〔Euphrates College〕）・中央トルコ大学（Central Turkey College）などがある。

　女子教育機関の設立や女性宣教師の活躍もこの地域で認められる。

　しかし、「自給・自治・宣教主体の教会」の進展を中東地域の教会で顕著に見ることはできない。

　1880年当時の、4ミッションの「教会数・宣教師総数（女性宣教師）・地元活動者総数（牧師と説教者・教師）・会員数・公教育学校数・その生徒数」は次の通りである。[22]

　ヨーロッパトルコミッション「3・22（12）・31（11・13）・214・0・0」
　西トルコミッション「28・65（39）・143（52・48）・1,691・109・3,858」
　中央トルコミッション「27・20（13）・92（28・60）・2,611・63・2,420」
　東トルコミッション「32・37（22）・199（58・117）・1,802・120・3,630」

---

(22)　"Statistics of the Missions of the A. B. C. F. M. for the Year 1878-1879."
　　　 The Missionary Herald, January 1880, P.4.

(4) 中国[(23)]

19世紀前半を通じて、中国では清による反キリスト教政策だけでなく、民衆レベルでのキリスト教に対する反発が強かった。そのために、アメリカンボードの宣教活動はどの地域においても停滞を余儀なくされていた。ヘラルド誌によると、1851年にボードが宣教活動を展開していたのは次の3都市であった。[(24)]

広東（カントン、Canton)・厦門（アモイ、Amoi)・福州（フクシュウ、Fuh-Chau)

19世紀中期にも、ボードの中国における宣教活動は政治的動向に翻弄された。1851年から14年間続いた太平天国革命は南京を始め、中国の南部地域を揺るがせた。1856年のアロー号事件のきっかけは、広東港におけるイギリス船で起こった。アロー号事件の結果、1858年に締結された天津協定でアメリカ合衆国は中国におけるキリスト教の信教と宣教の自由を獲得した。しかし、これに対する民衆の反発は強く、各地で暴動、奪略、反対運動が起こった。

このような状況の中でボードは中国北部へ活動地域を広げた。1860年に天津（テンシン、Tientsin）にステーションを設けると、1862年には北京（ペキン、Peking）に、1865年には張家口（Kalgan）に、1867年

---

(23) 中国における19世紀中期のアメリカンボード宣教活動については、ヘラルド誌の他に次の著作を参考にした。
Bartlett, C., Ibid., pp.115-136.
Strong, W. E., Ibid., pp.250-262.
Goodsell, F. F., Ibid.

(24) "Annual Survey of the Missions of the Board." *The Missionary Herald*, January 1852, pp.1-14.

には北京の海の玄関口である通州区（Tung-chou）に、そして、1873年には保定（Pao-ting-fu）にステーションを設置した。ボードはこれらのステーションを北中国ミッションとした。他方、中国南部では拠点が縮小した。アモイにおける宣教活動は1857年にアメリカ改革派教会の宣教団体に移管した。広東ミッションも1866年にアメリカ長老派教会の宣教団体に移管した。こうして、1860年代後半以降の中国には福州ミッションと北中国ミッションが存在した。

　ヘラルド誌の統計表から「教会数・宣教師総数（女性宣教師）・現地人活動者総数（牧師と説教者・教師）・会員数・公教育学校数・その生徒数」を見ると、次の通りである。[25]

福州ミッション「11・16（9）・41（24・9）・197・5・60」
北中国ミッション「14・31（19）・16（6・0）・450・2・28」

　数字としてみると、低いレベルでの活動であったことが分かる。なかでも、教育活動にわずかな生徒しか集まらなかったことは、中国の特徴である。

(5)　アフリカ[26]

　アメリカンボードがアフリカで1851年に宣教活動を展開していたのは、ガボンミッション（Gaboon Mission、「西アフリカミッション」と

---

(25)　"Statistics of the Missions of the A. B. C. F. M. for the Year 1878-1879."
　　　The Missionary Herald, January 1880, p.4.

(26)　アフリカにおける19世紀中期のアメリカンボード宣教活動については、ヘラルド誌の他に次の著作を参考にした。
　　　Bartlett, C., *Sketches of the Missions of the American Board*, pp.161-174.
　　　Strong, W. E., *The Story of the American Board*, pp.279-289.
　　　Goodsell, F. F., *You shall be my Witnesses*.

も呼ぶ）とズールーミッション（Zulu Mission）である[27]。

　ガボンミッションは4か所でステーションを開設していた。しかし、厳しい気候で宣教師の健康問題が生じ、生活習慣の違いから宣教活動に困難が伴い、19世紀中期にはほとんど進展を見ることができなかった。そのような中で、1870年に、ボードはアメリカ長老派教会の宣教団体にガボンミッションを移管した。

　ズールーミッションは、1850年当時、11のステーションがあり、教会数は6、8つの学校に185人の生徒がいた。しかし、1850年代前半の宣教活動には倫理的問題などがあり、困難であった。状況が一変したのは、政府による保護地区政策にミッション活動が加えられたことであった。与えられた保護地区（Mission Reserve）は無料で土地が貸代され、この地域で宣教活動が進展した。なかでも教育活動が盛んになり、文明のキリスト教化が進んだ。保護地区では一夫一婦制を採用する家族も増加した。1860年には地域住民による宣教団体が結成され、教会活動を積極的に担った。そのため、宣教師の活動は高等教育や女子教育に重点を移していった。

　1880年から81年のズールーミッションの「教会数・宣教師総数（女性宣教師）・現地人活動者総数（牧師と説教者・教師）・会員数・公教育学校数・その生徒数」は次の通りである[28]。

　ズールーミッション「15・29（18）・185（46・135）・646・29・974」

---

(27)　"Annual Survey of the Missions of the Board." *The Missionary Herald*, January 1852, pp.1-14.

(28)　ズールー族は1878年から79年にかけて、イギリスと戦争状態にあった。そこで、この戦争状態が落ち着いた時期に観察をするため、1882年のヘラルド誌から統計資料を採用した。
　　　"Statistics of the Missions of the A. B. C. F. M. for the Year 1880-1881."
　　　The Missionary Herald, January 1882, p.6.

(6) ミクロネシア[(29)]

　ハワイ諸島におけるアメリカンボードの宣教活動は 1840 年代にほぼ完了した。そこで、1850 年代になると、現地のハワイ福音協会（Hawaiian Evangelical Association）への移管を検討し始め、1863 年に移管した。同じ頃、ミクロネシアからハワイ福音協会に宣教活動を求める要請があった。そこで、アメリカンボードも協力したミクロネシアにおける宣教活動が 1852 年に始まった。

　ミクロネシアは西太平洋上に広範に広がり、ギルバード諸島・マーシャル諸島・カロリン諸島・マリアナ諸島などから構成されている。ハワイ福音協会とアメリカンボードから派遣された宣教師は、ギルバード諸島では Apainung、マーシャル諸島では Ebon、カロリン諸島ではクサイエ島（Kusaie）・ポナペ島（Ponape）・トラック諸島（Truk）など、各地で宣教活動を展開した。[(30)]その内容はやはり教育活動と教会活動を中心として、印刷も行った。ややもすれば、孤独になる宣教師に対してアメリカ合衆国の日曜学校の生徒たちが寄付を集めて建造した船モーニングスター号で、1856 年以降島々を巡回し、宣教師を訪ねた。

　食料不足・現地人とのあつれき・健康問題・南北戦争による活動の縮小など、さまざまな問題があったが、おおむね 1870 年代になると安定した宣教活動を展開した。1880 年当時、ミクロネシアミッション（Micronesia Mission）の「教会数・宣教師総数（女性宣教師）・現地の

---

(29)　ミクロネシアにおける 19 世紀中期のアメリカンボード宣教活動については、ヘラルド誌の他に次の著作を参考にした。
　　　Bartlett, C., Ibid., pp.37–70.
　　　Strong, W. E., Ibid., pp.227–249.
　　　Goodsell, F. F., Ibid.

(30)　ミクロネシアの地図については、ヘラルド誌に掲載された次の地図が参考になる。
　　　"Missions of the A. B. C. F. M. in the Pacific Ocean," *The Missionary Herald*, January 1872.

活動家（牧師と説教者・教師）・会員数・公教育学校数・その生徒数」
は次の通りである[31]。

　ミクロネシアミッション「36・14（7）・34（34・0）・1,918・不明・不明」

（7）日本[32]

　長くキリスト教に対する厳格な禁教政策を続けていた日本（Japan）
に関する情報を、アメリカンボードの中国派遣宣教師が早くから伝え
ていた。1859年になると開港地に設けられた居留地に居住した他教派
の派遣宣教師が日本の近況を次々と伝えた。それらを総合的に判断し、
ボードが日本へ最初の宣教師を派遣したのは1869年である。
　当時はまだ禁教政策が続けられていた。それでも、神戸にステーショ
ンを設置した宣教師は、日本語の学習を初めとして宣教活動に備える準
備を続けていた。1873年2月に高札が撤去される。この時を待ち望んで
いた宣教師は、教育活動や医療活動、そして教会活動に取り組んでいっ
た。神戸や大阪、その周辺地域には1874年以降次々と教会が設立され
た。アメリカ会衆派の流れを汲むこれらの教会は、やがて組合基督教会
と呼ばれるようになる。1875年には京都に同志社英学校が設立され、組
合教会の新しい拠点となった。
　刑務所の改良運動や刑務所における宣教活動もボード派遣宣教師に
よって始められた。
　1870年代に開始された当初のボードの宣教活動は勢いにあふれ、教

---

(31)　"Statistics of the Missions of the A. B. C. F. M. for the Year 1878-1879."
　　　The Missionary Herald, January 1880, p.4.

(32)　日本における19世紀中期のアメリカンボード宣教活動については、ヘラルド
　　　誌の他に次の著作を参考にした。
　　　Strong, W. E., Ibid., pp.263-278.
　　　Goodsell, F. F., Ibid.

会・教育・社会福祉と多方面に及ぶ可能性に満ちたものであった。ヘラルド誌は1880年当時の日本ミッション（Japan Mission）の「教会数・宣教師総数（女性宣教師）・現地活動者（牧師と説教者・教師）・教会員数・公教育学校・その生徒数」を、次のように報告している[33]。

　日本ミッション「14・48（30）・31（19・12）・434・0・0」

(8) カトリックの地域[34]

　アメリカンボードは1870年代に入って、カトリックが支配的ないくつかの国における宣教活動に着手している。

　スペイン（Spain）に宣教師を派遣したのは1872年である。宣教師は慎重に活動地域を選び、宣教活動を始めた。教育活動、文書伝道活動や日曜日には礼拝を行った。しかし、これらの活動にたいして嫌がらせや迫害が起こり、1881年には宣教活動の一時中断をやむなくされた。

　オーストリア（Austria）でも1872年に宣教師を派遣した。地域はプロテスタントになじみが深いボヘミアであった。ここでも、しかし、困難が生じたためたびたび場所を変更した。ようやく1880年にプラハにボヘミア改革派教会（The Free Reformed Church of Bohemia）の設立に至っている。

　メキシコ（Mexico）では、1860年に信教の自由が保障された。そこで、1872年にメキシコの北部で活動を始めた。教育活動・教会活動を慎重に地道に続け、地元の説教者の養成が課題となっていた。

（33）　"Statistics of the Missions of the A. B. C. F. M. for the Year 1878–1879."
　　　 The Missionary Herald, January 1880, p.4.

（34）　カトリックの地域における19世紀中期のアメリカンボード宣教活動については、ヘラルド誌の他に次の著作を参考にした。
　　　 Strong, W. E., Ibid., pp.290–304.
　　　 Goodsell, F. F., Ibid.

　イタリア（Italy）でも1873年に活動を開始した。イタリア自由教会（The Italian Free Church）との協力関係をボードは期待した。しかし、期待ははずれ、この地域での宣教活動は頓挫する。1874年にボードはイタリアでの宣教活動から撤退した。

　ヘラルド誌によると、1880年当時、西メキシコミッション（Western Mexico Mission）・スペインミッション（Spain Mission）・オーストリアミッション（Austria Mission）の「教会数・宣教師総数（女性宣教師）・地元活動者総数（牧師と説教者・教師）・会員数・公教育学校数・その生徒数」は次の通りである。

　西メキシコミッション「1・6（3）・6（0）・135・0・0」
　スペインミッション「3・4（2）・10（3・5）・176・3・114」
　オーストリアミッション「8・6（3）・8（5・0）・不明・0・0」

　カトリックが支配的な地域におけるこれらの統計値は、宣教活動へのわずかな足がかりだけが得られていた状況を示している。

おわりに――19世紀中期アメリカンボードの宣教活動をめぐって

　19世紀アメリカンボードの宣教活動を、地域ごとに概観した。すなわち、19世紀前期から継続した地域として、「インドとセイロン（スリランカ）」「アメリカ先住民」「中東」「中国」「アフリカ（ズールー族）」を概観し、19世紀中期に始められた地域として「ミクロネシア」「日本」「カトリックの地域」（ここではカトリックを1地域として扱う）を概観した。

　前期から継続した5地域はボードの新方針に対応できたかどうかで明

（35）　"Statistics of the Missions of the A. B. C. F. M. for the Year 1878-1879."　*The Missionary Herald*, January 1880, p.4.

確に区分できる。対応できた、あるいはある程度はできた地域として、
「インドとセイロン」「中東」「アフリカ（ズールー族）」を挙げること
ができる。これらの地域に認められる特色は、新方針を実施する前提が
整っていたことにある。それが、すでに19世紀前期にある程度は整っ
ていた場合もある。「インドとセイロン」がそれである。それに対して、
中期に入って前提が整った場合もある。「ズールー族」がこのケースに
入る。いずれにしても、地域住民による「自給・自治・宣教主体の教会」
を基本方針とすることは、そのための基盤が必要である。新方針を受け
入れる基盤が整わなかったのが、「アメリカ先住民」と「中国」である。
アメリカ先住民の場合、ダコタ族のケースだけを見ると、ある程度新方
針が達成できている。しかし、政治的原因により脱落してく部族があま
りにも多かった。全体として見ると、新方針への対応はできなかったと
見られるわけである。「中国」の場合、活動範囲は広がったが、活動内容
で新方針に対応できる要素が伴わなかった。

　新方針に対応できたか否かという区分は、19世紀中期の活動内容にも
関わっている。すなわち、対応できた地域では中期にある程度はボード
の新方針を活動の中に取り入れた。自らの教会を設立し、その運営に責
任を持つキリスト教がそこでは育った。それに対し、対応できなかった
地域では、ほぼ前期と同様の活動が中期にも認められる。アメリカ先住
民の場合、それは教育と教会活動を中心とする宣教活動である。中国の
場合、それは教育活動さえも受け入れられず、地域住民との接点を見出
すのが困難なままに続けた多様な宣教活動であった。

　19世紀中期に始められた3地域でもすでに活動内容に相違を見ること
ができる。「ミクロネシア」と「日本」では、困難を伴いながらも宣教
活動に進展があった。地域住民による「自給・自治・宣教主体の教会」
活動への基盤は整いつつあった。それに対して、「カトリックの地域」
では、宣教活動における進展が見られない。このような違いは、その後
の宣教活動により大きな違いとして現れてくることが予想される。

3　地域社会と人々の反応

はじめに

　アメリカンボードは19世紀中期においても、南北戦争という国内の混乱があったにもかかわらず、世界各地で意欲的な宣教活動を継続した。その結果、19世紀前期から活動を続けていた地域の中には、宣教活動に明らかな進展が認められる地区が現れた。また、この時期に日本・ミクロネシア・カトリックの地域では、新たな宣教活動への取り組みが始められている。

　これらの地域社会や住民は、アメリカンボードの宣教活動に対してどのように反応したのか。19世紀前期における地域社会の反応を分析するにあたり、4つのタイプを提示した。[(36)]これらの類型は19世紀中期においても、基本的には有効である。しかし、前期には想定されていなかった事態が中期には生じている。ボードの宣教活動に参加し、主体的にそれらを担った地域住民の出現である。逆に、宣教活動に協力する現地人に対する反発も報告されている。

　地域社会と住民の反応を分析するためには地域社会の宗教的、文化的特色を踏まえることが必要である。そこで、「表2　類型化による19世紀中期アメリカンボードの宣教諸地域」における分類をここでも前提とする。その上で、宣教活動に参加した地域住民の存在を検討対象の中に

---

(36)　地域社会と人々のキリスト教活動に対する反応の4タイプとして提示したのは次の通りである。
　　1　地域社会によるアメリカ文明とキリスト教の受容
　　2　地域社会によるアメリカ文明の受容と住民個人によるキリスト教の受容
　　3　批判的な地域社会における住民個人によるアメリカ文化とキリスト教の受容
　　4　地域社会の反発による宣教師の撤退
　　参照、塩野和夫、前掲書、40頁

加えたい。

　なお、地域社会の分析を試みるためには、地域社会や地域住民から発信された史料が求められることはいうまでもない。しかし、それらを世界各地から収集し、分析することは筆者の能力を越えている。そこで、史料上の問題が残されていることを認めつつ、ヘラルド誌を初めとするアメリカンボード関連の資料を主に用いつつ、課題に取り組みたい。

(1) 古代文明の地域

　「1　古代文明の地域」に分類されるのは、中国・日本・インドとセイロン（スリランカ）である。これら3地域はアメリカンボードの宣教活動でそれぞれ特色を持っていた。インドとセイロンにおいては19世紀前期に宣教活動を開始し、中期に入るとボードの新しい方針であった「自治・自給・宣教主体の教会」をかなり達成していた。中国では前期にすでに宣教活動が開始されていたが、中期に入ってもボードの新しい宣教方針に対応できていなかった。日本は中期に入って新しく宣教活動が展開された地域である。

　まず、インドとセイロンにおける地域社会と人々の反応を検討する。19世紀中期にインドとセイロンではマラーターミッション（Mahratta Mission）・マドゥラミッション（Madura Mission）・セイロンミッション（Ceylon Mission）に統廃合された。これら3ミッションの中期における経緯を見ると、いずれにも共通した顕著な特色が認められる。教会や教育などキリスト教活動の各分野で、それを主体的に担う現地人が次々と現れ、19世紀中の間に少なくとも人数ではアメリカンボードの宣教師の数を凌駕したことである。

　1880年度のヘラルド誌に報告されているボード所属活動者と現地人活動者の人数は次の通りである。⁽³⁷⁾

---

(37)　"Statistics of the Missions of the A. B. C. F. M. for 1878-79." *The Missionary*

表3　インド・セイロンにおける活動者数（1880年当時）

	ボード派遣 宣教師	ボード派遣 活動者総数	現地人牧師	現地人 活動者総数
マラーターミッション	10名	22名	23名	113名
マドゥラミッション	12名	28名	18名	304名
セイロンミッション	5名	13名	7名	69名

　1850年代初めは宣教師が活動の主体であり、それを支援し協力する現地人の存在が報告された。それとほぼ同時に、各ミッションで現地人説教者（preacher）や牧師（pastor）が出現した。さらに、彼らを中心にしたキリスト教による現地人共同体が成立する。(38)もちろん彼らは地域社会では少数者であったが、キリスト教はもはや地域社会における個人的な存在ではなくなる。また、現地人によるキリスト教共同体の存在は、一面それ自身がキリスト教に対する地域社会の反応であると共に、それ以降、地域社会と人々のキリスト教に対する反応は外国人宣教師に対してだけでなく、現地人キリスト教共同体に対する反応ともなった。さら

Herald, January 1980, p.4.

(38)　現地人による宣教活動への支援や協力については、以下の記事などに記述がある。

"Annual Survey of the Missions of the Board." *The Missionary Herald*, January 1855, p.7.

"Annual Survey of the Missions of the Board." *The Missionary Herald*, January 1858, p.8.

　各ミッションにおける現地人牧師の誕生や存在については、以下の記事などに記述がある。

"Annual Survey of the Missions of the Board." *The Missionary Herald*, January 1856, p.8.

"Annual Survey of the Missions of the Board." *The Missionary Herald*, January 1865, p.7.

　キリスト教による現地人共同体の存在については、以下の記事などに記述がある。

"Annual Survey of the Missions of the Board." *The Missionary Herald*, January 1857, p.6.

"Annual Survey of the Missions of the Board" *The Missionary Herald*, January 1862, p.14.

に、現地人によるキリスト教団体が成立し、伝道活動や教育活動などキリスト教の活動に協力した。[39]

19世紀中期に地域社会と人々のキリスト教に対する反応は全般的に好転したと見られる。この時期にもヒンドゥー教やカースト制度によるキリスト教活動への反発やキリスト者に対する迫害が報告されている。しかし、ヒンドゥー教徒の中にはキリスト教活動に協力する者も現れた。[40] セポイの反乱でキリスト教は被害を受けたが、致命的なものではなかったと見られる。[41] 現地のキリスト教団体は特に、高等教育機関の設立と維持に力を注いだ。教育活動には現地社会や人々のさらに広範な協力があったと思われる。

次いで、中国における宣教活動に対する地域社会と人々の反応を検討する。19世紀半ばで継続されたのは、福州ミッション（Fuh-Chau Mission）と北中国ミッション（North China Mission）である。広東ミッション（Canton Mission）と厦門ミッション（Amoi Mission）は、他の海外宣教団体に移管されている。これらのミッション報告で、現地人の

---

(39)　現地人によるキリスト教団体に、以下の組織があったと思われる。
　　　Native Missionary Society（現地人宣教協会）
　　　Native Evangelical Society（現地人福音協会）
　　　Christian Vernacular Educational Society（現地人キリスト教教育協会）
　　　Christian Alliance（キリスト教連盟）

(40)　キリスト教に対する反発や迫害が以下に記されている。
　　　Strong, W. E., Ibid., p.174.
　　　ヒンドゥー教徒によるキリスト教活動への寄付が以下の記事に記されている。
　　　"Annual Survey of the Missions of the Board." *The Missionary Herald*, January 1863, p.6.

(41)　セポイの反乱によるアメリカンボードの宣教活動に対する被害について違った報告が以下に記されている。前者は被害がなかったとし、後者はステーションによっては被害があったとしている。
　　　Strong, W. E., *The Story of the American Board*, p.172.
　　　"Annual Survey of the Missions of the Board." *The Missionary Herald*, January 1858, p.1.

助手（Native helper）や現地人の働き手（Native worker）あるいは現地人の学校教師（Native teacher）に関する言及を見ることができる[42]。あわせてアメリカンボードが現地人の協力者養成に努めたことを推測させる記事もある[43]。

　ヘラルド誌（1880年1月号）によると、中国で働いていたボード所属活動者と現地人活動者の人数は次の通りである。

表4　中国における活動者数（1880年当時）

	ボード派遣宣教師	ボード派遣活動者総数	現地人牧師	現地人活動者総数
福州ミッション	5名	16名	2名	41名
北中国ミッション	12名	31名	0名	10名

　インドとセイロンでそうであったように、ボードは中国においても現地人キリスト者を宣教活動の担い手として育てようとした。それはある程度成功したが、教会の自治や自給を達成できるほどではなかった。ま

---

(42)　現地人の助手や働き手あるいは教師などの協力者に関する言及は以下などにある。

　　"Annual Survey of the Missions of the Board." *The Missionary Herald*, January 1852, p.9.

　　"Annual Survey of the Missions of the Board." *The Missionary Herald*, January 1854, p.9.

　　"Annual Survey of the Missions of the Board." *The Missionary Herald*, January 1867, p.8.

　　"Annual Survey of the Missions of the Board." *The Missionary Herald*, January 1874, p.11.

　　Strong, W. E., *The Story of the American Board*, p.257.

(43)　アメリカンボードが現地人の協力者養成を努めたことを推測させるのは、たとえば以下の記事である。

　　"to prepare native Christians, as rapidly as possible, to preach the gospel."

　　"Annual Survey of the Missions of the Board." *The Missionary Herald*, January 1857, p.10.

た、地域社会にキリスト教による共同体が成立するほどでもなかった。

　中国ではこの時期にも、キリスト教に反対する動きも多く見られる。[44] それは地域の自治体や地域社会によるものであった。1860年代に事情は好転したという言及もある。しかし、それは19世紀前期に対して好転したのであって、地域社会の反発がなくなったわけではない。[45] 19世紀中期における地域社会の反発はどのように理解されるのだろうか。中期に清朝は太平天国の乱（1851-1864）やアロー戦争（1856-60）によって弱体化した。そのため、国家によるキリスト教禁教政策は名目化し、あるいは政策そのものが変更された。1860年代のキリスト教に対する状況の好転は国家の政策変更と関係すると思われる。しかし、地方自治体や地域社会の反発は続いた。この事実は、民衆レベルでのキリスト教に対する反発が前期から変わることなく持続していたことを示している。地域社会の反発はまた、キリスト教の地域社会における共同体形成を疎外する大きな要因となったと考えられる。

　19世紀中期に宣教活動を開始したのが日本である。日本における地域社会と人々の反応にはいくつかの顕著な特色を認めることができる。まず、根強い反キリスト教意識である。江戸幕府成立の早い時期から250年余り、日本では厳しくキリスト教が禁止されてきた。しかも、この政策には民衆も参加させられたので、民衆レベルにおいて反キリスト教意識が定着した。そのため、仏教徒などによる宣教活動への反対は地

---

(44)　地方自治体や地域社会の反発を記す記事として、たとえば、以下の報告がある。
　　　"Annual Survey of the Missions of the Board." *The Missionary Herald*, January 1853, p.9.
　　　Strong, W. E., Ibid., p.250.

(45)　以前との比較において、キリスト教の宣教活動に対する反発が弱くなったとする表現に、たとえば、以下の記事がある。
　　　"opposition to missionary operations is not as strong as formerly." 'Annual Survey of the Missions of the Board.' *The Missionary Herald*, January 1862, p.14.

域社会の共感を得ていた。⁽⁴⁶⁾ところが、1873年にキリスト教禁止を告げ
ていた高札が撤去される。その頃から、欧米社会の文明全般に対する関
心が日本社会で高揚し、欧米化に向けた社会変化が政府の指導もあって
急速に進む。この変化を宣教師はキリスト教に対する状況の好転だと受
けとめた。事実、教育活動・医療活動・伝道活動などは1870年代半ば
から進展した。その中で、重要な役割りを担った人々がいる。アメリカ
で教育を受けた新島襄（1853-1890）と澤山保羅（1852-1887）、ジェー
ンズ（Janes, Leroy L., 1838-1909）から薫陶を受けた熊本バンドと呼ば
れた一群の人々である。⁽⁴⁷⁾彼らはキリスト教の伝道活動や教会の自治と
自給、さらにキリスト教系学校の設立と運営に強い影響力を発揮した。

　ヘラルド誌（1880年1月号）によると、日本ミッション（Japan
Mission）で働いていたボード所属活動者と現地人活動者の人数は次の
通りである。

表5　日本における活動者数（1880年当時）

	ボード派遣宣教師	ボード派遣活動者総数	現地人牧師	現地人活動者総数
日本ミッション	15名	46名	4名	31名

　19世紀中期における日本の地域社会と人々の反応を、どのようにまと

---

(46)　仏教徒などによる反キリスト教運動については、以下に言及がある。
　　　Strong, W. E., Ibid., p.265.

(47)　自覚的にキリスト教の宣教活動に参加した現地人指導者について、以下に言及
　　がある。
　　　新島襄："Annual Survey of the Missions of the Board." *The Missionary Herald*,
　　　　January 1875, p.9.
　　　　　Strong, W. E., Ibid., p.271.
　　　澤山保羅：Strong, W. E., Ibid., p.267.
　　　熊本バンド："Annual Survey of the Missions of the Board." *The Missionary Herald*,
　　　　January 1878, p.6.

めることができるのか。日本においても、インドとセイロン・中国に見
られたのと同様に民衆レベルでも反キリスト教意識は強いものがあり、
それと仏教など既成宗教が結びついていた。そのような社会で自覚的に
キリスト教の宣教活動に参加した現地人がいた。彼らは知識人であると
共に、社会貢献への意欲を強く持つ人々であった。

(2) 無文字社会の地域

　「2　無文字社会の地域」に分類されたのは、アメリカ先住民・アフリ
カのズールー族、そしてミクロネシアである。これら3地域にも「1　古
代文明の地域」と類似した特色を見ることができる。すなわち、19世紀
前期にはいくつもの困難に直面していたズールー族に対する宣教活動
は、中期に入るとアメリカンボードの新しい宣教方針に対応して、部族
主体のキリスト教組織と活動を強めていった。それに対して、ダコタ族
においては新しい方針への対応の萌芽は見られるが、十分なものではな
かった。ミクロネシアは中期に宣教活動を開始した地域である。そこで、
ズールー族における地域社会と人々の反応から検討する。

　1850年にアフリカでアメリカンボードが宣教活動に取り組んでいた
のは、ガボンミッション（Gaboon Mission）とズールーミッション（Zulu
Mission）である。ところが、ガボンミッションは1870年にアメリカン
ボードからアメリカ合衆国の長老派系海外宣教団体に移管された。19
世紀中期を通じてボードが宣教活動を展開したのはズールーミッション
だけである。そこで、アフリカではズールー族の地域社会と人々の反応
を検討対象とする。

　1850年当初、宣教師は伝道・教育・印刷・出版などの宣教活動と並
んで、ズールー族に対する倫理的批判や彼らのキリスト教への反発ある
いは無関心を伝えている。[48] その背後には、キリスト教とその文明に対

---

(48)　ズールー族に対する倫理的批判や彼らの宣教活動への反発あるいは無関心に

するズールー族の反発と違和感があったと推測される。ズールー族の対応に変化が見られたのは、植民地政府が実施した保護地区（Mission Reserve）政策実施以降である。この時から、宣教師のいう文明化や倫理的改革が報告されるようになる。たとえば、文明化を示す装いをした男女の出現が伝えられ、文明化が着実に進んでいると報じられる。あるいは、重婚に対する批判活動と共に、保護地区で生活する一夫一婦制を尊重する100組の家庭が、理想的な結婚生活として紹介されている。宣教活動に対する現地人の積極的な参加が伝えられるのもこの頃からである。まず、現地人協力者の存在が記事の中に記載される。1860年には現地人による「国内宣教協会（The Native Missionary Sosiety）」が設立され、この団体が集めた資金によって現地人の宣教師を雇用し、国内の宣教活動を支援している様子が伝えられている。さらに1860年代にはボードが宣教方針とした現地人による教会の指導、教会の自給と自治、そして現地人による宣教活動の展開が報告されている。その結果、ボード

ついては以下に記載されている。
　"Annual Survey of the Missions of the Board." *The Missionary Herald*, January 1851, pp.3-4.

（49）　植民地政府による保護地区（Mission Reserve）政策については、以下に記載されている。
　Strong, W. E., Ibid., p.283.

（50）　ズールー族における文明化の推進については、以下に記載がある。
　"Annual Survey of the Missions of the Board." *The Missionary Herald*, January 1859, p.3.
　"Annual Survey of the Missions of the Board." *The Missionary Herald*, January 1861, p.3.
　一夫一婦制の推進については、以下に記載がある。
　"Annual Survey of the Missions of the Board." *The Missionary Herald*, January 1858, p.3.
　Strong, W. E., Ibid., p.284.

（51）　現地人協力者の存在を早い時点で確認できるのは、以下の記事である。
　"Annual Survey of the Missions of the Board." *The Missionary Herald*, January

所属宣教師の主たる活動の場は高等教育の教授などに移行した。

　ヘラルド誌（1877年1月号）によると、ズールーミッションで働いていたボード所属活動者と現地人活動者の人数は次の通りである。

表6　アフリカにおける活動者数（1877年当時）

	ボード派遣宣教師	ボード派遣活動者総数	現地人牧師	現地人活動者総数
ズールーミッション	10名	24名	4名	51名

　19世紀中期に、ズールー族における宣教活動は順調に推移したかに思われた。ところが、1877-79年にイギリスとズールー族は戦争状態に入る。その時にキリスト教会の会員の中から危機的な状況が出現したという。すなわち、伝統的な重婚や "lobilisa" と呼ばれる娘の売買が、会員の中で問題になったのである。[52]

　19世紀前期にアメリカンボードが最も力を注いだのはアメリカ先住

　1859, p.3.

　　1860年に国内宣教協会が設立されたこと及びその活動については、以下に記載がある。

　Strong, W. E., Ibid., p.285.

　"Annual Survey of the Missions of the Board." *The Missionary Herald*, January 1863, p.2.

　"Annual Survey of the Missions of the Board." *The Missionary Herald*, January 1864, p.3.

　現地人による教会活動については、以下に記載がある。

　"Annual Survey of the Missions of the Board." *The Missionary Herald*, January 1863, p.2.

　"Annual Survey of the Missions of the Board." *The Missionary Herald*, January 1867, p.3.

　"Annual Survey of the Missions of the Board." *The Missionary Herald*, January 1871, p.4.

(52)　1880年頃、キリスト教会の会員の中にズールー族に伝統的な倫理的問題が生じたことについては、以下に記載がある。

　Strong, W. E., Ibid., p.289.

民に対してであった。ところが、1850年には7部族に対して取り組まれ
ていた宣教活動が、1880年にはわずか1部族、ダコタ族だけになってい
る。そこで、アメリカ先住民についてはダコタ族に絞って、彼らの宣教
活動に対する対応を検討する。なお、ダコタ族の場合、対象を「地域社
会と人々」と呼ぶのは適切ではない。19世紀中期に何度となく強制移
住させられているからである。そこで、「地域社会と人々」ではなく「ダ
コタ族」とする。

　当初、ダコタ族の間では伝道・教育・印刷と出版などの宣教活動が広
範に取り組まれていた。しかし、ダコタ族の反応は限定されたものであ
り、たとえば、教会に加わる者も毎年数名を数える程度であった。そ
の上、合衆国政府との緊張が高まると、キリスト教に対する反発も強
まった。そこには、欧米化への流れに適応しながらも、ダコタ族の伝統
と誇りを重んじる人々の姿勢が推測される。合衆国政府との対立はつい
に1862年のスー戦争へと発展した。敗れたスー族の一支族であるダコ
タ族の人々は、刑務所やキャンプ地に収容され、将来への不安を抱える
日々を過ごした。ところが、まさにこの時期にダコタ族のキリスト教宣
教活動に対する対応に変化が現れる。一つにはこの時期から時には数百
人に及ぶ多くの人々が教会に参加するようになったことである。宣教

---

(53)　多くの部族に対する宣教活動を中止した理由として、ストロングは「文明化と
　　　キリスト教化を達成したこと」と「奴隷制をめぐる問題」を挙げている。
　　　Strong, W. E., Ibid., p.186.

(54)　印刷・出版活動では「『ダコタの友（"The Dakota Friend"）』と呼ばれる英語
　　　とダコタ語の新聞」が発行されていた。
　　　"Annual Survey of the Missions of the Board." *The Missionary Herald*, January
　　　1852, p.13.

(55)　ダコタ族の反発について、たとえば、以下の記事に記載されている。
　　　"Annual Survey of the Missions of the Board." *The Missionary Herald*, January
　　　1857, p.12.

(56)　スー戦争の敗北後に活況を呈した状況については多くの報告がある。以下の

活動を支えるダコタ族の説教者や牧師、あるいは学校教師の存在が報告されるのも、この時期からである。さらに1870年代に入ると、ダコタ族の牧師や説教者が教会活動で主要な役割りを担うようになる。また、ダコタ族の人々によるキリスト教団体が設立されている。

ヘラルド誌（1880年1月号）によると、ダコタミッション（Dakotas Mission）で働いていたボード所属宣教師と現地人協力者の人数は次の通りである。

記事は、不安な中で、1年間に400名以上の受洗者があったことを報告している。
"Annual Survey of the Missions of the Board." *The Missionary Herald*, January 1864, p.11.
次の記事は当時のダコタ族は3万人を越えており、そのうちの5分の4はまだキリスト教の使信に触れていないと伝えている。
"Annual Survey of the Missions of the Board." *The Missionary Herald*, January 1870, p.17.

(57) ダコタ族の説教者と牧師、教師について、以下の記事に記載されている。
"Annual Survey of the Missions of the Board." *The Missionary Herald*, January 1867, p.10.
"Annual Survey of the Missions of the Board." *The Missionary Herald*, January 1871, p.11.
"Annual Survey of the Missions of the Board." *The Missionary Herald*, January 1875, p.10.

(58) ストロングは1873年に「ダコタ族キリスト教会衆連盟」（Congregational Association of Dakota）が設立され、1877年には「先住民の権利擁護連盟」（The Indian Right Association）が設立されたと記している。
Strong, W. E., Ibid., p.193.
ヘラルド誌（1874年1月号）は、ダコタ族を主体とした「全体協議会」（A General Conference）の組織化を伝えているが、この組織は「ダコタ族キリスト教会衆連盟」のことだと思われる。
"Annual Survey of the Missions of the Board." *The Missionary Herald*, January 1874, p.13.

表7　アメリカ先住民における活動者数（1880年当時）

	ボード派遣宣教師	ボード派遣活動者総数	現地人牧師	現地人活動者総数
ダコダミッション	4名	19名	7名	15名

　ダコタ族の場合、彼らがキリスト教宣教活動への態度を変化させたのは、スー戦争の敗北である。合衆国の支配下に組み込まれたダコタ族にとって、新しい状況に対応することが部族存続の必要条件となった。したがって、ダコタ族がキリスト教への取り組みを変化させた底流には、新しい状況に懸命に対応していこうとする彼らの立場があった。

　1852年にハワイ福音協会（Hawaiian Evangelical Sosiety）に協力して、アメリカンボードはミクロネシアにおける宣教活動を開始した。ミクロネシアは広範な地域で、しかも宣教活動はギルバード諸島・マーシャル諸島・カロリン諸島の各地に及んだ。そこで、ミクロネシアにおける地域社会と人々の反応については、全般的な概説に留めることにする。

　1860年代にミクロネシアの各地に宣教活動の拠点を設けたアメリカンボードの活動は、60年代に入ると伝道・教育・翻訳と印刷など、広く展開した。⁽⁵⁹⁾これらの活動に反応を示す現地人がいた。なかでも教育活動には熱心な参加者があった。伝道活動にもわずかな参加者があり、この時期に少数の現地人も会員に加わった教会の設立が報告されている。⁽⁶⁰⁾

---

(59)　1860年代に入った頃のアメリカンボードによるミクロネシアの各地における宣教活動については、以下に記載されている。

　　"Annual Survey of the Missions of the Board." *The Missionary Herald*, January 1862, pp.15-16.

　　"Annual Survey of the Missions of the Board." *The Missionary Herald*, January 1863, p.10.

　　"Annual Survey of the Missions of the Board." *The Missionary Herald*, January 1864, p.11.

　　Strong, W. E., Ibid., p.239.

(60)　1960年代前半における地域住民の反応については、以下に記載がある。

　　"Annual Survey of the Missions of the Board." *The Missionary Herald*, January

1960年代の後半に入ると、教会活動に進展が見られる。現地人協力者の存在が早くも記載される。教会に加わる人数も以前に比べて多くなっている。さらにキリスト教が地域の宗教や文化に影響を与えている様子も報告されている[61]。1870年代に入ると現地人による宣教活動が活性化した様子も報告から伺える。教会では現地人の説教者などが積極的に活動し、彼らの指導力が強まっていたからである。ある地域では、キリスト教の影響により、地域の偶像が放棄されるという事態も生じている[62]。

　ヘラルド誌（1880年1月号）によると、ミクロネシアミッション（Micronesia Mission）で働いていたボード所属活動者と現地人活動者の人数は次の通りである。

表8　ミクロネシアにおける活動者数（1880年当時）

	ボード派遣宣教師	ボード派遣活動者総数	現地人牧師	現地人活動者総数
ミクロネシアミッション	6名	14名	22名	34名

　他方、1879年には宗教的なあつれきから現地人キリスト者が首を切り落とされるという事件が起こった[63]。着実にキリスト教の影響が広がっていた半面、地域社会の反発は根強かったことが分かる。

　1862, pp.15-16.
　　Strong, W. E., Ibid., p.239.

(61)　1860年代にキリスト教が地域社会の宗教や文化に影響を与えたことについては、以下に記載がある。
　　Strong, W. E., Ibid., p.235.

(62)　キリスト教の影響により、地域の偶像が放棄された事態については、以下に記載がある。
　　Strong, W. E., Ibid., pp.243-244.

(63)　1879年に現地人キリスト者が首を切り落とされた事件については、以下に記載がある。
　　Strong, W. E., Ibid., p.246.

(3) 古代キリスト教、イスラム教の地域

アメリカンボードは1850年当時、中東及びその周辺地域でアルメニア人・ギリシャ人・ユダヤ教徒・イスラム教徒・ネストリウス派など、多様な宗教的文化的伝統を持つ人々を対象に宣教活動を継続していた。その後、他の海外宣教団体への移管やミッションの再編などを経て、1880年には4つのミッションに集約された。ヨーロッパトルコミッション（European Turkey Mission）・西トルコミッション（Western Turkey Mission）・中央トルコミッション（Central Turkey Mission）・東トルコミッション（Eastern Turkey Mission）である。これらの中で、中東地域におけるアルメニア人の重要性を考慮して、西トルコミッションを中心に、地域住民と人々の対応を検討する。イスラム教の地域についても、ここに含まれる。

アルメニア人に対する宣教活動では、早い時期から現地人牧師の活躍が伝えられている[64]。それは彼らがもともとキリスト教徒であったことにもよるだろうが、彼らの存在は19世紀中期当初すでにボードの活動に積極的に関わるアルメニア人がいたことを示している。50年代に教会活動を支える現地人活動者は着実に増加した。1857年1月号のヘラルド誌は、現地人牧師・説教者・協力者を加えた現地人活動者が91名に達していることを伝えている[65]。60年代に入ると、ボードの宣教方針を尊重して現地人教会の設立とその自給・自治を目指すとともに、現地人

---

[64]　1851年1月号のヘラルド誌は、2つの福音教会とそこで働く現地人牧師を紹介している。
　　"Annual Survey of the Missions of the Board." *The Missionary Herald*, January 1851, p.5.

[65]　"Annual Survey of the Missions of the Board." *The Missionary Herald*, January 1857, p.4.

活動者の経済的な負担を自覚的に担い始めている[66]。なお、中東地域における4ミッションの1879年当時のボード所属活動者数と現地人活動者数は以下の通りである。

表9　中東における活動者数（1879年当時）

	ボード派遣宣教師	ボード派遣活動者総数	現地人牧師	現地人活動者総数
ヨーロッパトルコミッション	10名	22名	3名	31名
西トルコミッション	24名	65名	17名	143名
中央トルコミッション	7名	20名	13名	92名
東トルコミッション	14名	37名	23名	199名

　着実な宣教活動はまた、地域社会にプロテスタントの共同体（Protestant Community）を形成した。共同体の実態や参加者の共同体に対する意識については調査の必要がある。いずれにしても、中東はイスラム教徒の社会であった。19世紀半ばにはオスマン朝トルコが弱体化し、何度となくキリスト教徒に信教の自由が布告された。それでも、各地で宗教上の対立を背景にしたキリスト教徒への迫害が続いた。そのような中でプロテスタント共同体の出現は、地域社会に生きるアルメニア人を支援したであろう。イスラム教徒に対して、西トルコミッションは何度となく宣教活動を試みている。その底流にはグッデルに見られたイスラム教徒との共存関係を志向するキリスト教の姿勢があったのではないだろうか。

---

(66)　"Annual Survey of the Missions of the Board." *The Missionary Herald*, January 1862, p.2.

　　　"Annual Survey of the Missions of the Board." *The Missionary Herald*, January 1868, p.4.

　　　Strong, W. E., Ibid., p.201.

（4）カトリックの地域

　アメリカンボードは1870年代に入って、カトリックが支配的ないくつかの地域における宣教活動を開始した。いずれの地域においても、嫌がらせや迫害がおこり、ボードは慎重に活動を模索し、あるいは活動場所を変更した。それでも、地域住民の中からボードを歓迎し、あるいは活動に参加する者が現れた。彼らの協力を得て、ボードは礼拝を続け、教会を設立し、男女寄宿学校の経営などを行った。ただし、一連の宣教活動における地域住民の協力内容についてはよく分からない。ヘラルド誌（1880年1月号）[67]は当時の現地人活動者数について、次のように伝えている。

表10　カトリック地域における活動者数（1880年当時）

	ボード派遣宣教師	ボード派遣活動者総数	現地人牧師	現地人活動者総数
西メキシコミッション	3名	6名	0名	6名
スペインミッション	2名	4名	0名	10名
オーストリアミッション	3名	6名	0名	8名

結　語

　19世紀中期にアメリカンボードが宣教活動を展開した各地域社会と人々の反応を、「表2　類型化による19世紀中期アメリカンボードの宣教諸地域」の分類に従って検討した。

　「表2」が区分した5つの地域における反応にはどのような特色や他地域との違いが見られたのか。「1　古代文明の地域」では、19世紀前期にそうであったように、地域社会の持続的な反発と自覚的に活動に参加

---

(67)　"Statistics of the Missions of the A. B. C. F. M. for the Year 1878-79."
　　　The Missionary Herald, January 1880, p.4.

する個人がいた。これらはいずれも、「1」に類型化された地域がキリスト教に並ぶ文化圏を早くから形成していた歴史に関係するだろう。これと類似した事情が中東地域に認められる。「3　古代キリスト教の地域」と「4　イスラム教の地域」である。「4」は、「1」で反発を示した地域社会と重なる。イスラム教徒の中にはキリスト教の文化的教育的活動に関心を示す者がいた。しかし、宗教的にはほとんど関心を示さなかった。したがって、19世紀中期に「4」は類型としてほとんど意味を失っている。「3」で関心を示した人々は、「1」において自覚的に宣教活動に参加した個人と比較できる。「2　無文字社会の地域」では、しばしば集団の意思決定が個人よりも優先したと思われる。百人単位で改宗者が出た事例などはその事情を示していると思われる。ただし、時として状況が困難に陥る場合があった。そのような時に、自覚的に教会を支え続けた少数の現地人がいた。彼らは「1」における自覚的な個人に似ている。「5　カトリックの地域」の地域社会は「4」に似ている。確固とした一神教の文化圏ではプロテスタントの伝道活動は困難であった。

　ところで、地域社会と人々はアメリカンボードの活動に影響を与えたのか。影響を与えた顕著な例として、高等教育機関の設立がある。高等教育機関の設立をめぐっては、地域の期待とボードの方針が対立した。にもかかわらず、19世紀中期において各地では次々と高等教育機関がボードも協力して設立された。一連の経過は地域社会がボードの宣教活動にある程度の影響力を発揮したことを示している。

　現地人活動者についても、今後の研究が待たれる。19世紀中期の特色は現地人活動者が地域の教会活動に大きな影響を与えたことである。それはボードの方針に基づくことであり、彼らはボードの指導を受けていた。しかしながら、彼らはアメリカ人ではなく、現地人である。彼らはアメリカの宗教的伝統の下で育ったのではなく、地域社会の宗教的文化的影響の下で育った。そんな彼らはキリスト教と地域社会の関わりをどのように考えたのか。キリスト教の思想と文化を現地社会に紹介するに

あたって、どのように調整したのか、しなかったのか。アメリカンボードの宣教思想研究において、19世紀中期以降は現地人活動者のキリスト教理解が重要性を持つ。

第2章　アメリカンボード本部の宣教方針[(1)]

はじめに

19世紀アメリカンボードの第2期（1851-1880）におけるボード本部の宣教方針を探る手掛かりとして何があるだろうか。1850年代以降、ほぼ第2期を通じてヘラルド誌1月号の冒頭に記載された「アメリカンボード宣教活動の年頭の展望」（"Annual Survey of the Missions of the Board."）[(2)]は、ボード本部の宣教方針を知る有力な手掛かりの一つとなる

(1)　"American Board of Commissioners for Foreign Missions" は従来「アメリカン・ボード」と表記されていた。本稿では中黒を取って「アメリカンボード」としているが、その理由を述べておきたい。まず、アメリカンボードという表記は略称あるいは呼称である。正式に名称を翻訳するならば、「アメリカ海外伝道委員会」とでもすべきであろう。それは長いので、多くの場合「アメリカンボード」という略称が通用してきた。第2に、「アメリカン」が文法では2格である点である。2格である「アメリカン」に中黒「・」を入れて「ボード」とつなぐのは不自然である。第3は音声である。"American Board of Commissioners for Foreign Missions" を話し言葉では、"American Board" と略称で表現することが多い。その場合、"American" と話してから中黒「・」に相当する間をとって "Board" とは言わないで、"American" から "Board" を続けている。これらを総合的に考慮して本稿では「アメリカンボード」とした。

(2)　ヘラルド誌において「年頭の展望」は、第2期にどのような位置づけを持っていたのであろうか。ヘラルド誌がアメリカンボードの機関誌であったこと、毎

53

であろう。

　「年頭の展望」（"Annual Survey"）は、ヘラルド誌1月号の冒頭に置かれている。ところが、主要な内容は前年の活動内容や宣教師等の異動と特色である。なぜ、前年の概要がヘラルド誌新年号の冒頭を飾ることになったのか。そこで「年頭の展望」の執筆者がこの記事に与えた性格[3]に言及しなければならない。そもそも1年間に及ぶ膨大なアメリカンボードの活動内容全体をわずか10数頁にまとめることはできない。なお、「年頭の展望」は、基調報告と各地域のミッション報告からなっている。本稿で主に扱う基調報告はわずか2頁か3頁である。したがって、基調報告の内容は執筆者の宣教活動理解に基づいている。執筆者の宣教活動理解によって膨大な報告は取捨選択され、分析され、展望が示される。このようにして、前年の宣教活動報告が新しい年の展望を示す「年頭の展望」とされたのである。

　第2期の間に「年頭の展望」の内容には明らかな変化が認められる。たとえば、初期（1851-60）には小説教ともいうべき性格が顕著である。南北戦争期（1861-65）には、財政問題が課題となった。さらに、展開期（1866-80）には「現地人による宣教活動への移行」という課題が着実に実現し、新たな展開を認めることができる。

　そこで、「年頭の展望」（"Annual Survey"）を検討するにあたって第2期を下記の通り3区分し、ボード本部の宣教方針を考察する。

　　年新年号の1頁に置かれたこと、「年頭の展望」として新しい年の指針を示したこと、執筆者はボードの方針を尊重していたことなどから、新しい年に当たってボード当局の宣教指針を示していたと考えられる。なお、「年頭の展望」がヘラルド誌に初めて登場するのは1844年であり、1876年を最後としている。

(3)　　1869年の「年頭の展望」は、前年におけるアメリカンボード年会での海外担当幹事（"the Foreign Secretary"）の報告内容について言及し、それと「年頭の展望」の関わりを示唆している。したがって、「年頭の展望」の執筆者はボード当局に近い立場にいたと推測できる。

1. 初期（1851-60）の「年頭の展望」
2. 南北戦争期（1861-1865）の「年頭の展望」
3. 展開期（1866-80）の「年頭の展望」

1「年頭の展望」に見るボード本部の宣教方針

(1) 初期 (1851-60) の「年頭の展望」[4]

　ヘラルド誌に掲載された初期「年頭の展望」（"Annual Survey"）の基調報告に認められる際立った特色は小説教的体裁である。1851年1月号の場合をみておこう。

　基調報告は「全般的状況報告・現地ミッション報告・宣教師等の異動・結び」という構成である。初めの「全般的状況報告」には、「起きよ、光を放て。あなたを照らす光は昇り、主の栄光はあなたの上に輝く。

---

(4)　　第2期の初期（1851-60）に掲載された「年頭の展望」のヘラルド誌における掲載場所は次の通りである。

　　"Annual Survey of the Missions of the Board. January. 1851." *The Missionary Herald, January 1851*, pp.1-15.

　　"Annual Survey of the Missions of the Board. January. 1852." *The Missionary Herald, January 1852*, pp.1-14.

　　"Annual Survey of the Missions of the Board. January. 1853." *The Missionary Herald, January 1853*, pp.1-13.

　　"Annual Survey of the Missions of the Board. January. 1854." *The Missionary Herald, January 1854*, pp.1-14.

　　"Annual Survey of the Missions of the Board. January. 1855." *The Missionary Herald, January 1855*, pp.1-14.

　　"Annual Survey of the Missions of the Board. January. 1856." *The Missionary Herald, January 1856*, pp.1-12.

　　"Annual Survey of the Missions of the Board. January. 1857." *The Missionary Herald, January 1857*, pp.1-12.

　　"Annual Survey of the Missions of the Board. January. 1858." *The Missionary Herald, January 1858*, pp.1-12.

　　"Annual Survey of the Missions of the Board. January. 1859." *The Missionary Herald, January 1859*, pp.1-12.

　　"Annual Survey of the Missions of the Board. January. 1860." *The Missionary Herald, January 1860*, pp.1-13.

見よ、闇は地を覆い、暗黒が国々を包んでいる。しかし、あなたの上には主が輝き出て、主の栄光があなたの上に現われる。国々はあなたを照らす光に向い、王たちは射し出でるその輝きに向かって歩む」（イザヤ書60章1-3節）(5) を含む聖書の言葉が3か所引用されている。「宣教師等の異動」は「聖霊の尊い働きは宣教活動において抑制されることはない」を導入の言葉とし、彼らの活動が聖霊の力による事実を印象付けている。さらに「結び」は「宣教活動の希望、世界のあらゆる希望は神にある。神は求める人々に知恵と恵みを与えられる。彼らはその活動によって神の御旨を行う」と結んでいる。聖書の引用・聖霊の働きの協調・宣教活動への招き、これらは基調報告がキリスト教の礼拝における説教に準じる体裁であることを語っている。

「年頭の展望」で主要な内容になる前年の報告に関してはどのように言えるのか。前年の報告内容は前期においてはまちまちであり、定式化されていない。たとえば、最も多く報告されている現地ミッションの報告である。現地ミッションの活動に関する報告は、わずかに「1851年・1856年」の「年頭の展望」に掲載されているだけである。それに対して現地ミッションの困難な状況が、「1852年・1855年・1858年・1859年」の「年頭の展望」に報告されている。「1853年・1854年・1857年」の「年頭の展望」は、現地ミッションの状況変化を伝えている。宣教師等の異動に言及しているのは、「1851年・1856年」の「年頭の展望」だけである。このように現地ミッションの報告が定式化されていないのは、前期の「年頭の展望」がまだ初期の段階であった事実を示している。同時に、内容はともかくとして各ミッション報告がほぼ毎号掲載されていたことは、「年頭の展望」における現地ミッション報告の重要性を語っている。

現地ミッション報告と比較して際立った特色を見せているのが、宣教活動の方法に関する記述である。前年の宣教活動を踏まえ新しい年の指

---

(5)　聖書については、日本聖書協会『聖書　新共同訳』（1987年）を使用した。

針として宣教活動の方法は述べられる。当時、各ミッションは伝道をはじめ教育・医療・出版など幅広い活動を繰り広げていた。ところが、前期の「年頭の展望」で認められる宣教方法は、「説教（preach）」を主要な方法とする伝道活動にほぼ限定している。

　　少なくとも、福音を説教するための道を準備する。（1851年）
　　すべての被造物に福音を宣べ伝えなさい（preach）。（1854年）
　　しかし、宣教（preach）の愚かさによって信じる者を救う。（1857年）
　　偉大な信仰の覚醒、神の摂理の進展は、福音を説教する者たちによって彼らが派遣された国々に起こる。（1859年）
　　伝道する霊、それはすべての国々で教え、あらゆる被造物に福音を説教しようとする抑えることのできない望みを伴って燃える霊である。（1860年）

「説教」を中心にした伝道方法は、現地ミッションの活動を踏まえながらも新しい方向を示していた。ここにアメリカンボード本部の宣教活動に関する指針が明快に示されている。すでに、第1期（1810-50）の末期にボード本部は教育や医療の活動を抑制し、伝道活動に重心を移していた。その立場が「年頭の展望」における「説教」を中心とした伝道方法に現れたのである。

　初期（1851-1860）の「年頭の展望」に現れた特色は、いずれも当時のボード本部の立場を反映している。「説教」を主要な手段とした方法の一元化は、伝道活動を重視した本部の姿勢を示していた。同じことが「年頭の展望」に認められた小説教的な体裁にも指摘できる。霊の顕著な働きである説教は海外においては伝道活動を推進し、国内においては人々を海外伝道活動へと招いた。そうであればこそ、アメリカンボードの機関誌であるヘラルド誌1月号の冒頭におかれた「年頭の展望」は小説教的体裁がふさわしかった。説教を重視する姿勢は他方、各ミッショ

ンの報告内容を整える努力を怠る結果となった。そのため現地ミッションの報告内容はまちまちとなった。

けれども、初期の「年頭の展望」に認められた特色は、いずれも初期という時期を越えることはなかった。小説教的体裁はすでに1858年の「年頭の展望」から弱まり、南北戦争期の「年頭の展望」には認められない。説教を主要な手段とした伝道方法の強調も、南北戦争期以降では弱められ相対化されていく。逆に現地ミッションの報告は重視され、充実していく。

(2) 南北戦争期（1861-65）の「年頭の展望」⁽⁶⁾

南北戦争期の「年頭の展望」に定型は認められない。他方、前期の特色であった小説教的体裁をとることもない。要するにこれまで重視してきた小説教的体裁を継承せず、かといってそれに代わる新たな定型を生み出すにも至っていない。この時期の「年頭の展望」には混乱が生じている。それは南北戦争によってアメリカンボードの宣教指針に動揺が生じた結果であろう⁽⁷⁾。

---

(6)　南北戦争期（1861-65）に掲載された「年頭の展望」のヘラルド誌における掲載場所は次の通りである。

"Annual Survey of the Missions of the Board. January. 1861." *The Missionary Herald, January 1861*, pp.1–13.

"Annual Survey of the Missions of the Board. January. 1862." *The Missionary Herald, January 1862*, pp.7–17.

"Annual Survey of the Missions of the Board. January. 1863." *The Missionary Herald, January 1863*, pp.1–11.

"Annual Survey of the Missions of the Board. January. 1864." *The Missionary Herald, January 1864*, pp.1–12.

"Annual Survey of the Missions of the Board. January. 1865." *The Missionary Herald, January 1865*, pp.1–12.

(7)　「年頭の展望」には、「1862年・1863年・1864年・1865年」と4度南北戦争への言及がある。そこでは戦争を「不信心な内乱（unhallowed rebellion）」（1862年）、「邪悪な内乱（wicked rebellion）」（1863年）、「国家としての存在と高潔さを

　南北戦争がボードの活動にもたらした混乱の一つに財政問題がある。ヘラルド誌は1862年1月号の冒頭に「年頭の展望」に代えて「1862年度の予算（Appropriations for 1862）[8]」を置いている。財政問題が緊急の重要課題となったためであろう。概要は次の通りである。

　　私たちは内乱のただ中にあり、乏しい収入しか得られなかった。そのため、新年度に負債が生じている。そこで、アメリカンボードを安定的に維持し、海外宣教活動を救済するために、1862年度の支出に341,377ドルを充てる。これは前年度より30,000ドル程少ない。しかし、これに加えて27,880ドルを負債の返済に充てるので、予算額合計は369,223ドルとなる。

　新年度においても内乱のため収入の減少が予測された。しかし、ボードはほぼ前年度並みに収入の予算を組む。当然、予算達成には困難が予想されたが、それはボードの安定的な経営と海外宣教活動の確かな継続を保証するためであった。そこで、困難な目標を達成するために1862年1月号ヘラルド誌の冒頭に「1862年度の予算」を置き、支持者の理解と協力を訴えたのであろう。ただし、前年度並みの収入が確保されても、負債返済のため宣教活動に支出できる金額は10パーセント程度減額された。これは現地の活動にはかなりの打撃となったであろう。財政問題が「年頭の展望」で再び取り上げられたのは、1865年1月号[9]である。

　保つための戦い（struggle for our national existence and integrity）」（1864年）、「たいへんな戦い（fearful struggle）」（1865年）としている。
　The Missionary Herald, January 1862, p.7.
　The Missionary Herald, January 1863, p.2.
　The Missionary Herald, January 1864, p.1.
　The Missionary Herald, January 1865, p.1.

(8)　*The Missionary Herald, January 1862*, pp.1-2.

(9)　*The Missionary Herald, January 1865*, p.1.

概要は次の通りである。

　1861年度にアメリカンボードは28,000ドル近い負債を抱えた。巨
大な出費を伴う戦争を3年も続けた後、現在、絶えず成長する海外に
おける宣教活動すべての費用を支払い、今年度は財政上の収支をほぼ
過不足なく終わった。

内乱が勃発した初年度にボードは収入不足のため多額の負債を抱え
た。それはボードの運営と海外での宣教活動に財政面からの危惧となっ
た。これが南北戦争期の財政問題である。ところが、意外に早く問題の
克服が報じられる。1865年1月号の「年頭の展望」は、内乱が3年続い
ていた時点で問題の解決を伝えている。南北戦争がなお継続していた時
点で財政問題は解決した。ヘラルド誌の訴え等がボード支持者の関心を
高めた結果であろう。
　南北戦争期の「年頭の展望」で最も多く報道されている内容は、死者
の報告を含む異動である。何らかの形で異動を伝えている記事は、「1861
年・1862年・1863年・1864年」の「年頭の展望」に見られる。比較的
詳しく報じている「1861年・1864年」の異動報道の概要は次の通りで
ある。⁽¹⁰⁾

　昨年、死者は2名だけであった。サターラ（Satara）で活動してい
たウッド女史（Mrs. Wood）とネストリウス派ミッション（Nestorian
Mission）のトンプソン氏（Mr. Tompson）である。12名の男性と14
名の女性が初めて海外のミッション活動に参加するために旅立った。
健康を回復した2名の牧師とその夫人は再び海外の活動地へ出かけて
行った。アメリカ合衆国に帰国していた4名の男性と5名の女性が再

---

(10)　*The Missionary Herald, January 1861*, p.1.

び海外の活動地に戻った。」（1861年「年頭の展望」）

　死亡が確認されたのは D. C. スカッダー牧師（Rev. D. C. Scudder）
である。彼は1862年11月に亡くなっていた。ミッションで働く家族
の間で数名の子供が亡くなっていたが、人数は分からない。1863年
に死亡した大人は1人である。多くは健康を害したためであるが、帰
国中の者は17名いる。帰国していた14名（男性が7名、女性が7名）
は再び海外の活動地に戻った。16名の新しい活動者（男性が6名、女
性が9名）が海外へ旅立った。」（1864年「年頭の展望」）[11]

　異動報告でまず報道される死者は、例外を除いて氏名と活動地が記さ
れる。それ以外に、新しく海外の宣教活動地へ赴任していく者の人数、病
気などの理由で帰国していたが再び海外の宣教活動地へ復帰した者の人
数、帰国中の活動者の人数などが報じられている。報告内容が一定しな
い南北戦争期の「年頭の展望」で、異動報告だけは例外的に多く記載さ
れる。それはヘラルド誌の読者が、彼らの関係者を含んでいた可能性の
ある異動報告に強い関心を寄せたためであろう。しかし、異動報告が前
期の小説教的体裁に代わることはない。異動報告がヘラルド誌の読者に
海外宣教活動への参与を強く呼びかける契機を持たなかったためである。
　南北戦争期を通じて、前期の小説教的体裁に代わり一貫して強調され
た内容はない。この時期の「年頭の展望」が定型を持たず、内容的にも
混乱していたためである。しかし、南北戦争期に入って印象深く報道され
ている事柄がある。海外における宣教活動の全体像を数値で表現しよう
とする試み（以下、「海外の宣教活動数値報告」と略記する）で、「1861年・
1864年」の「年頭の展望」が掲載している。概要は次の通りである。[12]

---

(11)　*The Missionary Herald, January 1864*, p.1.

(12)　*The Missionary Herald, January 1861*, pp.1-2.

　1,000名以上がこの1年間にミッションの教会に加わった。新たに按手礼を受けた現地人牧師（native pastor）がいる。現地人説教者（native preacher）は91名、現地人伝道者（native catechist）は104名報告されている。11の神学校と13の寄宿学校、350近い小学校には10,000名ほどの生徒が学んでいる。（1861年「年頭の展望」）

　アメリカ合衆国から400名がボードの海外宣教活動に従事している。海外のミッションステーションは112、その他にアウトステーションがある。現地人協力者は211名いる。36名の現地人牧師、233名の現地人説教者（伝道者を含む）、268名の学校教師、その他に協力者が200名いる。（1864年「年頭の展望」[13]）

前期の「年頭の展望」における小説教的体裁と南北戦争期のそれにおける「海外宣教活動の数値報告」を3点で比較検討する。第1は前期に小説教的要素が一貫して強調されたのに対し、南北戦争期の「海外宣教活動の数値報告」は2度しか見られない点である。これは前期における小説教的体裁の立場を南北戦争期の「海外宣教活動の数値報告」が獲得していない事実を示している。第2に小説教的体裁は説教というキリスト教独自の方法あるいは力を用いて、ヘラルド誌読者に海外宣教活動への参与を促していた。それに対して、「海外宣教活動の数値報告」は海外宣教活動の現実を数値で示す方法でヘラルド誌の読者に海外宣教活動への参与を促した。方法は異なるが海外宣教活動への参与を促した点で共通している。第3に「海外宣教活動の数値報告」に「現地人牧師」「現地人説教者」「現地人伝道者」など、海外宣教現場における新しい動向が数値で示されている点である。現地における宣教活動の担い手の育成は、アメリカンボードの基本的な宣教方策であった。したがっ

---

(13)　*The Missionary Herald, January 1864*, p.2.

て、ボードの宣教方策が現地で着実に進展していた事実を新しい動向は
語っている。

　南北戦争期の「年頭の展望」に認められる特色は内容上の混乱であ
る。南北戦争勃発当初に発生したボードの財政問題は、この混乱を端的
に語っていた。しかし、戦争継続中に早くも財政問題は解決した。それ
はボードの経営と海外宣教活動継続の安定的な維持を保証した。ところ
で、南北戦争期の「年頭の展望」に新しく登場した報告事項に、「海外
宣教活動の数値報告」がある。それは前期の小説教的体裁と同様にヘラ
ルド誌読者を海外宣教活動への参与に促した。報告の中で強調された
「現地人牧師」を初めとする現地人協力者は展開期（1871-80）の「年頭
の展望」では中心的な報告事項となっていく。このように見てくると、
南北戦争期は展開期への移行期として捉えることもできる。

(3) 展開期（1866-80）の「年頭の展望」[14]

　展開期（1866-80）の「年頭の展望」にはいくつかの重要な展開が認
められる。これらはそれぞれにアメリカンボードの宣教方針を反映して

---

(14)　展開期（1866-80）に掲載された「年頭の展望」のヘラルド誌における掲載場
　　所は次の通りである。
　　　"Annual Survey of the Missions of the Board. January. 1866." *The Missionary
　　Herald, January 1866*, pp.1-12.
　　　"Annual Survey of the Missions of the Board. January. 1867." *The Missionary
　　Herald, January 1867*, pp.1-11.
　　　"Annual Survey of the Missions of the Board. January. 1868." *The Missionary
　　Herald, January 1868*, pp.1-12.
　　　"Annual Survey of the Missions of the Board. January. 1869." *The Missionary
　　Herald, January 1869*, pp.5-17.
　　　"Annual Survey of the Missions of the Board. January. 1870." *The Missionary
　　Herald, January 1870*, pp.7-18.
　　　"Annual Survey of the Missions of the Board. January. 1871." *The Missionary
　　Herald, January 1871*, pp.1-12.
　　　"Annual Survey of the Missions of the Board. January. 1872." *The Missionary

いる。まず、牧師を初めとした現地人協力者の重視である。彼らは順調
に推移した海外宣教活動の担い手としても報告される。次いで注目され
るのが女性宣教師である。南北戦争期に海外宣教活動に参加する人数で
は女性が男性と並んでいた。展開期では女性の活躍が紹介される。いく
つかの活動分野における女性の活動は重要性を持ち始めていた。さらに
活動内容として説教をはじめ、教育・印刷・医療などが幅広く報告され
る。これは説教を重視した前期では考えられない。宣教活動を多様に捉
えようとする立場の反映である。なお、「1871年・1872年」の「年頭の
展望」は、長老派のアメリカンボードからの離脱と海外における4ミッ
ションの長老派ミッションへの移管を報じている。

　展開期の「年頭の展望」で現地人の担い手を報告しない年はない。彼
らは毎年報告され、しかも宣教活動の重要な進展の中核として位置付け
られた。「1868年・1872年」の「年頭の展望」における現地人担い手の
報告概要は次の通りである。[15]

　　ミッションからの報告によると、ミッションの教会はこの1年で15
　増えて220となった。現地人牧師は17名増え、101名となった。教会
　の自立を教えられて献金が増え、自給教会で働く現地人牧師が着実に

　　Herald, January 1872, pp.5-14.
　　　"Annual Survey of the Missions of the Board. January. 1873." *The Missionary
　Herald, January 1873*, pp.1-11.
　　　"Annual Survey of the Missions of the Board. January. 1874." *The Missionary
　Herald, January 1874*, pp.4-15.
　　　"Annual Survey of the Missions of the Board. January. 1875." *The Missionary
　Herald, January 1875*, pp.1-13.
　　　"Annual Survey of the Missions of the Board. January. 1876." *The Missionary
　Herald, January 1876*, pp.1-12.
　　「年頭の展望」は1876年が最後となっている。これはヘラルド誌における「年
　頭の展望」に対する評価が変わったためだと考えられる。

(15)　*The Missionary Herald, January 1868*, p.5.

増加した。ミッション教会で自立した自給教会は52を数える。（1868
年「年頭の展望」）

　　ミッションの教会にこの1年間で919名が新しく加わり、按手礼を
　　受けて現地人牧師となった者が9名以上いる。教育を受けた現地人聖
　　職者、よく組織された自給教会、それに現地人キリスト教徒による活
　　動がある。彼らの活動により人々の間における精神面や倫理面など、
　　幅広い分野で向上が認められる。（1873年「年頭の展望[16]」）

　いずれの報告も順調な推移を教会数や会員数などの増加を根拠に語っ
ている。その上で、1868年の「年頭の展望」は「自給教会が52を数え」、
自給教会で働く「現地人牧師が着実に増えている」と報告する。これは、
ボード本部の基本方策であった現地人によるミッション教会の自立と自
給の進展を語っている。1873年の「年頭の展望」は現地人キリスト教
徒の活動により「精神面や倫理面など幅広い分野で向上が認められる」
と伝える。海外宣教地における精神性や倫理性はボードがたびたび問題
として取り上げてきた事柄である。報告によると、現地人によるキリス
ト教活動はこのような問題に対しても好ましい影響を及ぼしていた。
　1868年の「年頭の展望」以来女性宣教師の活躍をしばしば報告して
いる。「1868年・1876年」の「年頭の展望」に掲載された女性の活動報
告の概要は次の通りである[17]。

　　他に特別に注意すべき話題は、女性に宣教活動の場が開かれている
　　ことである。この1年に設立された3つの寄宿学校に、9名の独身女
　　性が派遣された。彼女たちのうち2名、マドゥラ（Madura）にいるポ

---

(16)　*The Missionary Herald, January 1873*, p.1.

(17)　*The Missionary Herald, January 1868*, p.2.

ロック女史（Miss Pollock）と西トルコ（Western Turkey）にいるク
ロースン女史（Miss Closson）は伝道活動に従事している。家々を回
り、女性と子供を集めて、キリストの物語を話している。

　「女性のための女性の働き」は大きな成果をあげている。アメリカ
合衆国における女性キリスト教徒の熱心さと献身は、海外伝道地域に
おいても成果をもたらしたと伝えられている。独身女性だけでなく、
宣教師夫人も役割を担っている。インドからウィンザー女史（Mrs.
Winsor）が、異邦人に「毎日来てイエスを教えてください」と言われ
るのは何と良いことでしょうと書いている。マラシュ（Marash）の
モントゴメリー女史（Mrs. Montgomery）は「もし多くの人を集めた
いなら、母親に呼びかけるとよい」と異邦人から言われている。[18]

　1868年の「年頭の展望」は派遣された9名の独身女性宣教師の活動内
容に言及する。それによると、彼女たちは寄宿学校における活動だけで
なく、女性や子供を対象にした伝道活動に従事している。1876年の「年
頭の展望」によると、「女性のための女性の働き」が成果をあげている。
その上で、「毎日来てイエスを教えてください」と依頼する異邦人の声
と母親への呼びかけをめぐる異邦人の声を伝えている。海外宣教活動の
進展に伴い、これらの記事は女性に適した活動の場が展開期に開拓され
ていた様子を伝えている。
　展開期における「年頭の展望」のもう1つの特色は、説教以外の活動
方法を取り上げていることである。教育活動に関しては1868年の「年
頭の展望」で現地人の活動の中で彼らの教育活動を取り上げ、女性に関
する報告では寄宿学校を取り上げていた。それ以来教育活動については
報告されているが、「1875年・1876年」の「年頭の展望」は活動方法の

---

(18)　*The Missionary Herald, January 1876*, p.2.

全体像を伝えている。それぞれの概要は次の通りである[19]。

　　ボードの教育活動は、訓練学校・学校・師範学校・神学校・大学によって担われ、1年間に9万ドル以上を支出している。キリスト教の文書活動は、聖書と実践的な宗教書を中心に昨年は20,376ドル支出した。1873年にボードは95か所の礼拝堂を建設するために18,596ドルを支出した。その他に医療部門に関しては特別な言及が必要である。（1875年「年頭の展望」）

　　ボードの教育施設は活発に活動している。印刷事業もいつものように多忙である。宣教医は良いサービスをしており、多くの隣人と家族に道を開く働きをしている。（1876年「年頭の展望」[20]）

1875年の「年頭の展望」は支出額からそれぞれの事業規模を報告している。すなわち、教育事業に9万ドル以上、文書活動に20,376ドルを支出し、礼拝堂の建設には18,596ドルを支出している。教育部門と文書活動を合わせた支出110,376ドルは、1874-75会計年度の支出総計に対して23％を占める[21]。1876年の「年頭の展望」は説教以外の活動の様子を伝えている。それによると「教育施設は活発に活動し」、「印刷事業はいつものように多忙で」あり、「宣教医は良いサービスをしている」。いずれも好意的な報告である。初期の「年頭の展望」における活動方法は説教中心で、それ以外の報告はなかった。しかし、それは報告がなかっただけであって、活動がなかったわけではない。それに対して展開期の

（19）　*The Missionary Herald, January 1875*, pp.2-3.

（20）　*The Missionary Herald, January 1876*, p.2.

（21）　1874-75会計年度の収入合計は47万5,878ドル61セントであった。
　　　　"Appropriations for 1876." *The Missionary Herald, December 1876*, pp.371-372.

「年頭の展望」は活動の全体像を伝えている。報告内容の変化はボードの宣教方針の変化を反映している。

　展開期の「年頭の展望」は順調な海外宣教活動の推移を背景とする。しかも、そのような報告内容はいつも現地人キリスト教徒・キリスト教活動の担い手・ミッション教会とその自給など現地人の活動を中核とした。なかでも現地人担い手の増加はキリスト教活動の主体がアメリカ人宣教師から現地人へと推移した事実と対応する。同じ時にアメリカ人宣教師の中にも変化が現れた。女性宣教師の増加と活動分野の確立である。すでに南北戦争期に女性宣教師の人数は男性に匹敵していた。それが展開期に入ると教育分野などで女性宣教師の活躍の場が確立するようになる。展開期にはまた教育・印刷・医療などの活動分野が好意的に報告される。このような変化にはボード本部の宣教方針の変化とともに、展開期には宣教活動が順調に推移した背景があるだろう。

おわりに

　19世紀アメリカンボード第2期（1851-1880）における「年頭の展望」は、初期・南北戦争期・展開期とそれぞれに特色をもった報告をし、しかもそれらは変化していた。初期の報告の特色は説教の重視であり、「年頭の展望」自体が小説教的体裁をとっていた。南北戦争期には財政問題をはじめとした困難に直面し、それが「年頭の展望」の形式の混乱となった。そこから新しく登場したのが宣教地の全体的報告であり、なかでも現地人でキリスト教活動を担う人々の報告であった。展開期にこの変化は定着し、さらに女性宣教師の活躍や教育・印刷・医療など多様な活動方法も報告される。

　初期・南北戦争期・展開期に見られた報告内容の変化はボード本部の宣教方針の変化を反映している。すなわち、初期には説教を中心とした伝道活動が宣教方法の中心であり、最も重んじられた。南北戦争期には説教という方法に変わり、宣教活動の確かな成果が重んじられる。現地

人キリスト教徒や現地人担い手の登場である。ただし、現地人の活躍は
ボード本来の宣教方策に基づいている。さらに展開期に新しく報告され
る女性宣教師の活躍や教育・印刷・医療などによる宣教活動の多様化も
ボード本部の宣教方針の変化に即している。

　初期・南北戦争期・展開期に認められるアメリカンボード本部の宣教
方針の変化は、ヘラルド誌読者すなわちボード支持者の関心の変化に対
応している。初期に見られた「年頭の展望」の小説教的体裁は、当時支
持者の関心を海外宣教活動に向ける力を有した。同様に南北戦争期には
海外宣教活動の現地における確かな成果が支持者をして活動への参与を
促す力を有した。南北戦争後のアメリカでは社会における女性の活動が
関心を呼び、北部では広く社会に関心が向けられた。このようなアメリ
カの状況は展開期における「年頭の展望」の特色、女性の活動報告や社
会に開かれた宣教活動の多様性と対応している。

2 「財政問題とその克服」と「女性宣教師の活躍」

はじめに

　第1節ではヘラルド誌（*Missionary Herald*）1月号冒頭に掲載されている「年頭の展望」（"Annual Survey"）の検討により、中期を特色づけている事柄を明らかにした。

　すなわち、初期（1851-60）に見られる「説教を中心とした伝道活動の重視」、南北戦争期（1861-65）に顕著な「財政問題とその克服」「現地人牧師・説教者・伝道者の育成」、展開期（1866-80）における「女性宣教師の活躍」「教育・印刷・医療活動による宣教活動の多様化」である。

　初期・南北戦争期・展開期を特色づける事柄はいずれも各時期におけるアメリカンボード本部の宣教方針と関係していた。つまり、「年頭の展望」に認められた変化は本部宣教方針の展開を映し出している。そこで、第2節ではこれらの中から「財政問題とその克服」と「女性宣教師の活躍」を取り上げて本部の動向を考察する。

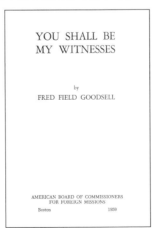

Goodsell, F. F., *You Shall be my Witnesses*, 1959

　なお、2つの課題はいずれも Goodsell, F. F., *You Shall be my Witnesses*, 1959に取り上げられている。そこで、グッセル（Goodsell, F. F.）の論考を参考にしつつ考察を進める。

（1）財政問題

　財政問題として通常取り上げられるのは南北戦争に伴うアメリカンボードの負債である。この負債について「幸運にも消滅した」と言及したうえで、グッセルは19世紀アメリカンボードにはそれ以外に「2つの財政問題があった」と指摘する。長老派リベラルグループのアメリカンボード撤退が与えた影響とカトリック諸国への宣教活動着手による1873-1876年における財政状況の悪化である。

　まず、1861年に発生した負債に関するヘラルド誌の記述を概観した上で、何が問題とされていたのかを明らかにする。なお、記述内容の変化に対応して3区分している。

　1861年1月号の「年頭の展望」にボードの負債に関する記述はない。

---

(22)　次の通りである。
　　　"The Story of the Treasury : 1." Goodsell, F. F., Ibid., 1959, pp.209-226.
　　　"The Story of the Treasury : 2." Goodsell, F. F., Ibid., pp.227-239.
　　　"The Women's Board's – Their Vision and Strength." Goodsell, F. F., Ibid., pp.154-173.

(23)　ストロングは "The Civil War" の項目で1861年の負債に言及している。
　　　"The Civil War" Strong, W. E., Ibid., pp.307-308

(24)　グッセルは次の通り記している。
　　　「アメリカンボードが南北戦争により深刻な収入の頓挫を経験するのではないかと恐れた人たちは幸運にも消滅した。注目すべきほどに危機的な状況にあってもボードの会計はあるべき形を維持した。一時的な1861年の後退の後に、2万8千ドル近い赤字も負債のつぶやきさえなかった8年間の間に消滅した」。Goodsell, F. F., Ibid., p.214.

(25)　Goodsell, F. F., Ibid., pp.214-215.

(26)　"Annual Survey of the Missions of the Board. January. 1861." *The Missionary*

5万ドルの支出超過の事実を突然報道したのはヘラルド誌7月号の記事「ボードの財務状況⁽²⁷⁾」である。

> 3日後にサムター砦が攻撃され、6日後に大統領の宣戦布告がすべての村々に周知され、7万5千人の軍隊が召集された。……この時にあたって、「委員会は、5万ドルの不足金のために、委員会は活動の最も重要な分野における経費を切り詰めることによる傷を求めるべきか」という問いに直面している。

11月号に掲載されたアメリカンボードの年会における「会計報告⁽²⁸⁾」で正確な負債金額とそれに対する評価が記されている。

> ボードの収支は実のところ27,885.34ドルの支出超過に陥っている。……したがって、この年度は比較的少額の負債を抱える状態となっている。

1862年1月号は冒頭に「1862年度の予算⁽²⁹⁾」を掲載し、その中に前年度の負債金を加えている。

> 私たちは内戦のただ中にある。……このような状況にあって、大胆にも1862年度予算として341,337ドルを計上した。……27,886ドルの負債を加えると、369,223ドルになる。

Herald, January 1861, pp.1-13.

(27) "Finances of the Board." *The Missionary Herald*, July, 1861, pp.219-220.

(28) "Treasurer's Report" *The Missionary Herald*, November, 1861, p.324.

(29) "Appropriations for 1862." *The Missionary Herald*, January, 1862, pp.1-2.

　1861 年から 62 年のヘラルド誌に見られる特色は 2 点ある。ボードの負債をアメリカの内戦と関連させた認識と支出超過の事実について金額面を含めて読者に的確に伝えようとする姿勢である。

　ヘラルド誌 1863 年 4 月号に掲載された「財務声明」[30]は率直に負債による活動への支障に言及している。

　　現在の削減された規模を越えて海外における活動の進展を計れないなど、11,000 ドルの負債のために準備ができない。

11 月号にある年会の「会計報告」[31]においても負債による障害に触れている。

　　一方、ボードが新年に着手すべき事業に対して、比較的少額であるにもかかわらず、負債による妨げがあったことは残念に思われる。

1864 年 2 月号の「ボードの収入」[32]は負債金の削減に言及している。

　　年度当初にあった負債は 6,185 ドルまで削減した。

5 月号の「財政の見通し」[33]でも負債による障害に触れている。

　　残されている会計年度の 5 か月間に希望される収入は、負債に妨げられるため望まれる進展を加えないで、281,000 ドルである。

---

(30)　"Financial Statement." *The Missionary Herald*, April, 1863, pp.97-98.

(31)　"Treasurer's Report" *The Missionary Herald*, November, 1863, pp.325-326.

(32)　"Receipts of the Board." *The Missionary Herald*, February, 1864, pp.33-34.

(33)　"The Prospects of the Treasury." *The Missionary Herald*, May, 1864, pp.129-130.

　1863年から64年におけるヘラルド誌は負債が着実に削減されていく事実を伝える一方で、支出超過によりボードの活動が制限されている現状を繰り返し報告している。

　1865年に入ると負債に関する記述に変化があり、前向きに明るく述べられている。1865年1月号の「年頭の展望[34]」は「支出超過がほとんど消滅した」と述べている。

　　1861年の会計年度の終わりに、ボードは280,000ドルに近い負債を抱えた。それから3年に及ぶ巨大な戦費を要する戦いが続き、その間も着実に増加する海外での宣教活動に要する費用を負担し、そして今ほとんど支出超過のない状態で会計年度を終わろうとしている。

　8月号の「会計年度の終わりにあたって[35]」はついに負債が消滅した事実を力強く報告している。

　　負債なしでこの年度を終えることによる根拠は非常に力強いものがある。

　このように1865年のヘラルド誌は一転して明るく力強い語調で、「支出超過がほとんど消滅した」（1月号）と報告し、ついに「負債なし」（8月号）と伝えている。

　次にアメリカ長老派のアメリカンボード離脱に伴う影響についてである[36]。長老派は1812年にアメリカンボードの有力な支持団体となり、運

---

(34)　"Annual Survey of the Missions of the Board." *The Missionary Herald*, January, 1865, pp.1-2.

(35)　"End of the Financial Year." *The Missionary Herald*, August, 1865, pp.224-225.

(36)　長老派のアメリカンボード撤退に関して、アメリカ（オランダ）改革派教会とアメリカ（ドイツ）改革派教会については触れない。これらについては下記で

動に参加している。ところが、1836年に保守グループが「長老派の海外宣教団体の組織化」を決議し、1839年以降には独自の運動を始めた。1870年にリベラルグループと保守グループが合同すると、リベラルグループも長老派の海外宣教団体に参加した。

　時期的な事情もあり、ここでは1870年の長老派教会の合同に伴うリベラルグループの離脱について見ておきたい。この出来事に財政問題としての性格があることをグッセルは指摘していた。確かに長くアメリカンボードを支えてきたリベラルグループの離脱は組織内部に衝撃を与え、財政問題を伴ったに違いない。ところが、ヘラルド誌やストロングの叙述に同様の指摘は見当たらない。彼らはむしろ前向きにとらえている。ヘラルド誌（1870年11月号）に掲載されている年会報告の「組織」[37]と「会計報告」[38]はいずれもリベラルグループ離脱に言及していない。また「会計報告」は順調な会計状況を報告している。ストロングは「結果的に活力を与えている」と説明している[39]。

　　1870年に長老派の両グループが再統合したことにより、リベラルグループは58年にわたって外国宣教活動の関係を保ってきたアメリカンボードの支援から離れた。……彼らの脱退はすべての関係者から残念に思われた。……しかし、この分裂は結果的に活力を与えている。

言及している。
　　参　照，"The Ecumenical Spirit of the American Board." Goodsell, F. F., Ibid., pp. 124-137.
　　"Withdrawal of Cooperating Churches." Strong, W. E., Ibid,. pp.309-310.

（37）　"Organization." *The Missionary Herald*, Nobember, 1870, pp.343-344.

（38）　"Treasure's Accounts." *The Missionary Herald*, November, 1870. P.344.

（39）　Strong, W. E., Ibid,. p.310.

ボードの第61回年会報告　ヘラルド誌1870年11月号

　最後にカトリック諸国への1870年代における宣教活動着手の影響を見てきたい。グッセルは具体的な金額を提示して指摘する。[40][41]

　　新しい事業への予想された追加支援は具体化に失敗して年ごとの支出超過という結果となった。すなわち、1873年に26,086.25ドル、1874年に30,441.07ドル、1875年に44,323.96ドル、1876年に31,050.22ドル、1877年に47,985.94ドルである。

　ヘラルド誌の関連記事を調べてみると、グッセルの立場はヘラルド誌の報告に依拠していることが分かる。次の通りである。ヘラルド誌の

---

(40)　ストロングはカトリック諸国における活動に言及するだけでボードの負債問題には触れていない。
　　　 "Chaper13 In Nominally Christian Lands" Strong, W. E., Ibid,. pp.290-304.

(41)　Goodsell, F. F., Ibid., p.215.

1873年11月号が掲載する年会報告における「会計報告[42]」に言及はない。1874年11月号の年会における「会計報告[43]」に負債総額が出てくる。

　1874年9月1日付でボードの負債総額は30,441.07ドルであった。

　1875年11月の年会報告には「財政上の課題[44]」という項目を設け、報告している。

　　決議する。……新しい運動として言及されているカトリック諸国における活動は、できるだけ正確に出来るだけ速やかに取り扱いの一体化を他の国々におけるボードの活動とはかるべきである。

「会計報告[45]」では負債総額を報告している。

　1875年9月1日付でボードの負債総額は44,323.96ドルであった。

1876年11月号の年会報告における「会計報告[46]」では報告している。

　1876年9月1日付でボードの負債総額は31,050.22ドルで、昨年より約13,000ドル減少していた。

　1877年11月号の年会報告には「負債の消滅──クラーク博士の記録

（42）　"Treasurer's Accounts." *Missionary Herald*, November, 1873, pp.353-354.

（43）　"Treasurer's Accounts." *Missionary Herald*, November, 1874, p.347.

（44）　"The Financial Problem." *Missionary Herald*, November, 1875, p.346.

（45）　"Treasurer's Accounts." *Missionary Herald*, November, 1875, pp.346-347.

（46）　"Treasurer's Accounts." *Missionary Herald*, November, 1876, pp.367-368.

――[47]」が記載されている。

　集会を終える前にボードの負債として支払う必要のある全額 48,000 ドルは抵当に入れられたという報告があった。

「木曜日の夕方――会計報告――[48]」に「増加した負債は 47,985.94 ドルと報告されたので、残念に思う」とある。

(2) 財政問題の克服

　19世紀中期（1851〜1880）のアメリカンボードには「3度にわたる財政問題が発生していた」と認識されている。すなわち、1861年から 1865年に及ぶ負債問題、長老派リベラルグループの離脱によって生じた 1870年の組織的問題、「新しい運動」と呼ばれたカトリック諸国への宣教活動開始に伴う財政状況の悪化である。ただし、「これらはいずれも克服され、19世紀後期（1881〜1910）における活動へと進展した」とされる。しかしながら、いかにして克服されたのか。必ずしも単純ではない事情を考察したい。なお、検討を進めるうえでグッセルの「アメリカンボードの 10年ごとの収入――1820年から 1956年まで――[49]」を参考にする。

　まず、1861年から 65年までの負債問題である。ヘラルド誌によると、南北戦争中であったにもかかわらず負債金額は着実に減少していた。

---

(47) "Payment of the Debt. – Dr. Clark's Paper." *Missionary Herald*, November, 1877, p.360.

(48) "Thursday Evening – Treasurer's Report." *Missionary Herald*, November, 1877, p.367.

(49) "Total Receipts of the American Board at the End of Each Decade 1820-1956." Goodsell, F. F., Ibid., p.293.

1861年11月号	「27,885.34ドルの支出超過に陥っている」。
1863年2月号	「11,000ドルの負債」
1863年11月号	「比較的少額の負債」
1864年2月号	「負債は6,185ドルに削減」
1865年1月号	「支出超過がほとんど消滅」
1865年8月号	「負債なし」

表11　アメリカンボードの10年ごとの収入―1820年から1956年まで―

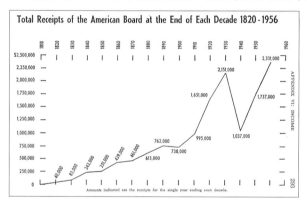

　ところで、1861年度の負債額27,885.34ドルは当時のボードにとってどのような金額であったのか。ヒントは表11にある。表11によると、1860年度の収入合計は429,000ドルで、27,885.34ドルは前年度収入の約6.5パーセントに当たる。つまり、28,000ドル近い負債は金額としては大きかったが、収入合計からすると「ボードの活動に致命的な打撃を与えることはなかった」と推定できる。

　表11から読み取れる重要なポイントがもう1点ある。いかにしてボードが負債金を削減し、1865年に「負債なし」という状況に至ったのかである。表11によると1860年度から着実に収入合計額は増加し、1870年度には461,000ドルとなっている。仮に増加分を10等分して「毎年度3,200ドルずつ増加した」と仮定すると、次のように推定できる。

表12 （推定）1860年度から1865年度の収入

		増加額 （1860年度比）	増加額の累計 （1862年度より）
1860年度	429,000ドル		
1861年度	432,200ドル	3,200ドル	
1862年度	435,400ドル	6,400ドル	3,200ドル
1863年度	438,600ドル	9,600ドル	9,600ドル
1864年度	441,800ドル	12,800ドル	19,200ドル
1865年度	445,000ドル	15,000ドル	32,000ドル

　1862年度から65年度までの増加額の累計は推定で32,000ドルである。これは負債金の28,000ドルを超えている。この事実から「会員の募金によって負債は解消された」と推定できる。もう1点は「1862年から65年にかけて負債にもかかわらずボードは海外における宣教現場での活動を維持した」と考えられることである。ヘラルド誌の関連記事もこれらの推測を支持している。

　次に長老派リベラルグループの離脱に伴う財政問題である。この問題に対して、グッセルとヘラルド誌、それにストロングはそれぞれ異なった立場に立つ。

　グッセルは "The Story of the Treasury : 1" において財政問題を指摘[50]していた。対照的なのがヘラルド誌である。ヘラルド誌は1870年11月号の年会報告における「組織」や「会計報告」でリベラルグループの離脱に触れないだけでなく、「本部報告」[51]で楽観的な見通しを述べている。

　特に多くの長老派に属する宣教師が残留するであろう。

---

(50)　参照, Goodsell, F. F., Ibid., p.215.

(51)　"Home Department." *The Missionary Herald*, November, 1870, pp.344-345.

両者の中間的な立場に立つのが、ストロングである。彼は述べている。

　この脱退はすべての関係者から残念に思われた。……しかし、この分裂は結果的に活力を与えている。

　なお、1870年前後の収入の順調な推移を示す表11は「表面的にはヘラルド誌やストロングの立場を支持している」と考えられる[52]。

　最後にカトリック諸国への活動開始に伴う財政問題である。この問題に対してヘラルド誌とグッセルは共通した認識を示し、ストロングが異なった立場に立っている。

　ヘラルド誌とグッセルは1873年度から77年度における各年度の負債金額を提示し、これをカトリック諸国への宣教活動と関連付けている。各年度の負債金は次の通りである。

表13　各年度の負債金額（1873年度〜1877年度）

1873年度	26,086.25ドル
1874年度	30,441.07ドル
1875年度	44,323.96ドル
1876年度	31,050.22ドル
1877年度	47,985.94ドル

　「新しい運動」と呼ばれたカトリック諸国への宣教活動の特色は相次ぐ撤退である。1873年に活動を始めたイタリアでは1874年に撤退している。1872年に宣教師を派遣したスペインでも1870年代に撤退している。1872年に宣教師を派遣したオーストリアでも間もなく撤退している。唯一活動が19世紀後期（1881年–1910年）へと継続されたのは、1872

---

(52)　ストロングは海外宣教、特にインドとトルコにおける自給教会の存在と彼らの支援が負債の削減に貢献したとする。Strong, W.E., Ibid., p.308.

年に活動に着手したメキシコである。相次ぐ撤退は新しい運動を財政状況の悪化と結びつける評価が関係していたのかもしれない。

それに対して、ストロングはカトリック諸国における宣教活動を現場から考察する。すなわち、各地における困難な活動の課題と状況を宣教師の立場に立って考えるのである。そこにボードの負債問題が入り込む余地はない。そもそも財政はボード全体の問題でこれを新しい運動と関連付けるには無理がある。それにもかかわらず関わらせたのは「カトリック諸国への宣教活動着手に対する否定的な評価があった」と思われる。したがって、1870年代におけるカトリック諸国への活動に対しては、活動現場から発想するストロングと本部の財政問題から考えるヘラルド誌とグッセルの立場があったと言える。

なお、19世紀後半（1881年-1910年）にはメキシコにおける宣教活動が継続されただけでなく、スペインとオーストリアにおいても再開されている。[53]

(3) 女性宣教師の活躍

19世紀中期の展開期（1866-80）における顕著な動向の一つとして女性宣教師の活躍があげられる。アメリカンボードの活動現場を担う女性の比率は次第に上がっていて、南北戦争期（1861-65）に宣教師はほぼ男女同数になっていた。[54]それにもかかわらず、展開期に女性宣教師の活躍が一段と顕著になる。なぜなのか。

---

(53)　参照 , "Chapter 25 In Papal Lands." Strong, W. E., Ibid,. pp.456-474.

(54)　展開期以前の女性宣教師の活動については以下で言及されている。
"Work for Women." Strong, W. E., Ibid,. pp.221-223.
Goodsell, F. F., Ibid., pp.154-157.

Sarah L. Bowker
President. W B M.
1868- 1890

Bowker, Sarah L.
President, Women's Board of Missions（1868-1890）

　決定的な理由として指摘されるのがボードを支援する女性団体の組織
化で、次の通りである。

1868　Woman's Board of Missions, Head-quarter in Boston.（「W.B.M.」
　　　　と略記する）
1868　Woman's Board of the Interior, Head-quarter in Chicago.（「W.
　　　　B.M.I.」と略記する）
1873　Woman's Board of the Pacific, Head-quarter in Oakland.（「W.
　　　　B.M.P.」と略記する）

　女性団体の組織化により女性宣教師が主体的に参加できる環境は整っ
た。この変化をグッセルは次のように指摘している。[55]

---

(55)　Goodsell, F. F., Ibid., p.154.

　まず1810年–1868年の時期に、女性は背後にあって、熱心ではある
が相対的に静かであった。次いで1868年–1927年の時期になると、女
性は躊躇することなく彼女たちの才能と献身を主張した。

ストロングも指摘している[56]。

　これらの団体の組織化により、新しい機会が彼女たちの活動のため
に見いだされていった。

　なお、各団体によって派遣された女性宣教師が活躍した地域は次の通
りである[57]。彼女たちがどれほど広範に活躍していたかが分かる。

表14　女性宣教師が活躍した地域

アフリカ	W.B.M	W.B.M.I	
オーストリア	W.B.M		
ブルガリア		W.B.M.I	
セイロン	W.B.M	W.B.M.I	
中国	W.B.M	W.B.M.I	W.B.M.P
アメリカ先住民	W.B.M.I		
インド	W.B.M	W.B.M.I	W.B.M.P
日本	W.B.M		W.B.M.P
メキシコ	W.B.M	W.B.M.I	W.B.M.P
ミクロネシア	W.B.M	W.B.M.I	
中近東	W.B.M	W.B.M.I	W.B.M.P
スペイン	W.B.M		

　女性団体の設立による女性宣教師の活躍は具体的にどのようなもので

---

(56)　Strong, W. E., Ibid,. pp.311-312.

(57)　Goodsell, F. F., Ibid., p.163.

あったのか。各地域の現場における活動に関しては、ストロングが具体的に述べている。彼の叙述から検討を加える。

まず、巡回伝道である。インドとセイロンにおける活動に次の記載がある。[58]

　　W.B.M. の組織化により……女性のための活動が明確な一つの分野となった。……アメリカ女性によるテント集会に向けた村々への巡回が新たな関心を呼び起こし、ある村では800名の女性の参加者がった。

トルコとレバノンの活動でも巡回伝道が報告されている。[59]

　　W.B.M. の組織化により女性のための活動はたちまちに組織化され発展した。女性宣教師は特別な使命を帯びて巡回した。

巡回伝道はボードの宣教師が各地域で実施した有力な伝道方法の一つである。インドとセイロン及びトルコとレバノンにおける報告は、女性団体の設立に刺激された女性宣教師が新たな可能性を巡回伝道に開拓したことを推測させている。

女性に対する教育活動は巡回伝道より多く見られる。トルコとレバノンの活動における記載である。[60]

　　1872年にコンスタンティノープルで女子寄宿学校が W.B.M. によって始められた。わずか2名で開始されたこの学校に大変な期待が寄せられ、だれも予想しなかったコンスタンティノープルにおける重要な

（58）　"Woman's Work for Women." Strong, W. E., Ibid,. pp.180-182.

（59）　"Work for Women." Strong, W. E., Ibid,. pp.221-223.

（60）　Strong, W. E., Ibid,. pp.222-223.

女性のためのアメリカ式大学へと発展した。

日本の報告でも女子教育に言及している[61]。

　いくつかの W.B. の団体は早い時期に女子と女性のための学校設立にかかわっている。1873年にタルカット女史（Miss Talcott）とダッドレー女史（Miss Duddley）は神戸で女子に教え始めている。

女性団体との関わりは不明であるが、アフリカでもこの時期に女子学校開設が伝えられている[62]。

　1869年にエドワーズ女史（Mrs. M. K. Edwards）が Inanda に南アフリカ最初の現地人女子を対象とした学校を開設し、現在に至っている。……同様の学校が1873年にアフリカ南部の少女のために Umzumbe に開かれている。

メキシコでも関連は不明であるが、学校の開設が報告されている[63]。

　ストロング女史（Miss Strong）の Monferey における学校は13名の女子を教えているが、数名の若い男性も教育課程に従って学んでいる。宣教活動が育っていくならばミッションセミナリーは緊急の課題である。

女性団体の設立により顕著に認められた事業の一つに女性宣教師によ

---

(61)　"Schools Opened." Strong, W. E., Ibid., pp.269-271.

(62)　Strong, W. E., Ibid., p.286.

(63)　Strong, W. E., Ibid,. p.303.

る女子教育がある。彼女たちは女性に対する初等教育・中等教育・高等教育に従事しただけでなく、女性の現地人伝道者の育成にも貢献した。

　女性団体のアメリカンボードへの貢献の1つに、多額の寄付が指摘されている。これに関してはグッセルの指摘[64]を引用しておきたい。

　　1879会計年度を通して女性団体がアメリカンボードの会計に寄付した総額は、73,957.04ドルに及ぶ。これはこの会計年度の収入合計のほぼ15パーセントに当たる。

---

(64)　Goodsell, F. F., Ibid,. p.165.

3　アンダーソンの宣教思想

はじめに

　19世紀中期に世界各地で活動を展開していたアメリカンボードに圧
倒的な影響を与えた人物がいる。アンダーソン（Anderson, Rufus 1796-
1880）である。19世紀前期からボード本部における活動に従事していた
アンダーソンは、中期に入るとなぜ世界各地のミッション現場にまで影
響を与えることができたのか。

　ビーバー（Beaver, R. P.）はアンダーソン研究の導入として、彼の数多
くの著作を以下の通りに分類している。[65]

　・歴史と伝記（History and Biography）

　・宣教方針、方法と問題（Principles, Methods, Problems of Missions）

　・宣教師に対する指導（Instructions to Missionaries）

　・運営、情報、活動（Administration, Information, Promotion）

　・代表団の報告（Deputation Reports）

　・雑録（Miscellaneous）

　・私信（Personal）

　ビーバーによってアンダーソンの著作は7種類に分類されている。こ
れらを学問的な研究内容として分けると、4種類に分類できる。次の通
りである。

---

(65)　Beaver, R. P., "The Literary Works of Rufus Anderson." R. P. Beaver（ed.）, *To Advance the Gospel: Selections from the Writings of Rufus Anderson*（1967）. pp.39-44.

①歴史学的著作「歴史と伝記」

②宣教論の理論的著作「宣教方針、方法と問題」

③宣教論の実践的著作「宣教師に対する指導」、「運営、情報、活動」、「代表団の報告」

④その他「雑録」、「私信」

Beaver, R. P., " The Literacy works of Rufus Anderson."

　アンダーソンの著作を学問的な立場から分類すると、「①歴史学的著作」、「②宣教論の理論的著作」、「③宣教論の実践的著作」、「④その他」に分けることができた。これは何を意味するのか。それは彼の執筆活動が多様な側面を有していた事実である。したがって、アンダーソンの全体像に迫るためには少なくとも残された数多くの著作に対応する多面性を持った研究が求められている。

（1）　アンダーソンの思想と行動

　アンダーソンは 1796 年 8 月 17 日にメイン州ノースヤーマウス（North Yarmouth）に生まれた。父は会衆派の牧師でホプキンズ神学に傾倒し、アメリカンボードの初代通信書記ウースターとも親しかった。母は 3 人の子どもを残して 1803 年に 31 歳で亡くなる。父が再婚したため、ルーファスは祖父母に預けられ、マサチューセッツ州ニューグロスター（New Gloucester）に移る。転居した年にブラッドフォードアカデミー（Bradford Academy）に入学する。1812 年 2 月には父と共にセーレムにあるタバナクル教会（Tabernacle Church）で行われたボード最初の宣教師任職式に参加し感激している。父が死去した年（1814 年 2 月）の 9 月にボードイン大学（Bowdoin College）へ入学、卒業前にはブラジルへ旅行している。アンドーヴァー神学校（Theological Seminary at Andover）へ 1819 年秋に入学すると、海外伝道への志を持つ 6 名の仲間と親しくなる。エヴァーツ（Everts, Jeremiah）の面接を受け、1821 年 10 月にボードの臨時助手として雇用される。1823 年には臨時職員（Occasional Agencies）の補助書記（Assistant Secretary）として採用される。宣教師の任職を受け、彼が正式に補助書記に任命されたのは 1826 年 5 月である。なお、1827 年 1 月にアンダーソンはイライザ（Hill, Eliza）と結婚している。

　アンダーソンは行動する人物であった。自ら宣教現場へ出かけ、対話し、思索し、多くの著作を残した。このようにして発表されたのが、「①歴史学的著作」を初めとする作品である。そこで、彼の行動と著作との関わりを①を中心にまとめておきたい。

　キューバ（Cuba）などラテンアメリカを巡ったのは 1819 年・1823-24 年で、関連する著作は次の通りである。なお、著作の末尾に分類番号を付している。

Remarks on the Islands of Cuba. ④

1830年代以降はチェロキー族を初めとするアメリカ先住民に対する
強い関心を寄せ続けている。なお、1831年5月にエヴァーツが死去、後
任のコーネーリアス（Cornelius, Elias）も1832年2月に死去すると、ア
ンダーソンは海外における宣教活動の責任を負う。1835年からは最も
経験豊かな「主席書記」（Senior Secretary）と呼ばれている。アメリ
カ先住民に関した著作は次の通りである。

*Memoir of Catherine Brown, a Christian Indian of the Cherokee
Nation.* 1824　①
Memoir of John Arch, a Cherokee Young Man. 1832　①

ギリシャ（Greece）・レバノン（Lebanon）・エルサレム（Jerusalem）・
シリア（Syria）・トルコ（Turkey）などの地中海及び中近東地方の巡回
は、1828-29年・1843-44年・1854-55年と3度にわたっている。この地
域に関する著作は次の通りである。

The Gospel in Bible Lands.　①
*History of the Missions of the Nestorian Christians in Central and
Eastern Asia.* 1838　①
*History of the Missions of the American Board of Commissioners for
Foreign Missions to the Oriental Churches.* 1872-73　①
Leading Object of the Missions to the Oriental Churches. 1842　②
On Missions to the Jews. 1849　②

---

(66)　この時点でグリーン（Greene, David）が、ヘラルド誌の編集とアメリカ先住
　　民に対する活動の責任を負っている。

Intercourse with the Greek Government on the Subject of Education in Greece. 1830　③

Objects of the Missions to the Oriental Churches and the Means of Prosecuting Them. 1839　③

Report to the Prudential Committee of a Visit to the Missions in the Levant. 1844　③

Mr. Southgate and the Missions at Constantinople. 1844　③

Urgent Claims of the Armenian Reformation. 1851　③

Observation upon the Peloponnesus and Greek Islands, Made in 1829. 1830　④

インド（India）とセイロン（Ceylon）に出かけ、現地の課題に取り組んだのは1854-55年である。

History of the Missions of the American Board of Commissioners for Foreign Missions in India. 1874　①

Report of the Deputation to India. 1856　③

ハワイ諸島に出かけ、現地ミッションの閉鎖に取り組んだのは1863年である。モーニングスター号とミクロネシア（Micronesia）における宣教活動はハワイにおける活動と関係するので、関連著作もここで挙げておく。

The Morning Star and Micronesia. 1856　①

The Hawaiian Islands; Their Progress and Condition under Missionary Labors. 1864　①

Kapiolani, the Heroine of Hawaii, or, a Triumph of Grace at the Sandwich Islands. 1866　①

　　A Heathen Nation Evangelized. History of the Sandwich Islands Mission. 1870　①

　　Oahu College. 1856　③

　　Report of visit to the Sandwich Islands; Portions of a Report in Preparation. 1863　③

　　The Recent Interference with our Work at the Sandwich Islands. 1864　③

　長年にわたるアメリカンボードにおける活動を反映した著作も見られる。次の通りである。

　　Memorial Volume of the First Fifty Years of the American Board of Commissioners for Foreign Missions. 1861　①

　　On Deciding Early to Become a Missionary to the Heathen. 1834　②

　　Missionary Schools. 1838　②

　　The Essentially Progressive Nature of Missions to the Heathen. 1842　②

　　The Native Pastorate an Essential Means of Procuring a Native Ministry. 1862　②

　　Dr. Anderson's Farewell Letter to the Missionaries. 1866　④

　アンダーソンの著作を彼の活動との関わりから整理した。その結果、「①歴史学的著作」、「②宣教論の理論的著作」、「③宣教論の実践的著作」、「④その他」すべてがアンダーソンの行動と深く関係している事実が判明した。

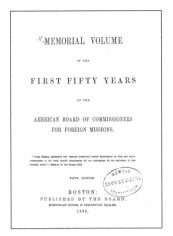

Memorial Volume of the First Fifty Years
Of the American Board of Commissioners for Foreign Missions, 1862

(2)　宣教論の基本的特色

　行動の人であったアンダーソンにとって行動と思索、そして著作は深い関わりを持っていた。この特色は彼の宣教論を読み解いていく上でどのような可能性を示唆しているのだろうか。それは思索を伴った行動から宣教論の基本的特質を読み解いていく方法に対する高い妥当性である。そこで若い日の思索と行動から始めて順々にアンダーソンの宣教論を考察する。

　アンダーソンが生まれ育ったのは第2次大覚醒運動が発生し高揚していた時期と重なる。大覚醒運動に対して積極的な父と共にアメリカンボード最初の任職式（1812年2月）に参加したのは象徴的な出来事である。海外伝道への夢を語る青年に感激したルーファスは多感な16歳であった。ところで、彼の父は会衆派の牧師で、アメリカンボードを主導したのも会衆派教会である。したがって、ルーファスは無意識のうちにも会衆主義的な教会観の影響を受けて育つ。この事実が後にミッション

教会に対する立場に決定的な影響を与えた[67]。アンダーソン宣教論の中枢的な概念として「自治（Self-governing）・自給（Self-supporting）・宣教主体（Self-propagating）の教会」が知られている。実はこの教会像の基底に会衆主義的教会観がある[68]。すなわち、アンダーソンによると海外宣教活動によって世界各地に設立されたミッション教会は組織の指示によってではなく、個別教会の責任と判断によって活動する自由を与えられている。

　アンダーソンの神学思想も第2次大覚醒運動の思想的潮流の中に位置づけられる。ニューイングランド神学のエドワーズ（Edwards, J., 1703-1758）や彼の弟子で奴隷解放主義者でもあったホプキンズ（Hopkins, S., 1721-1803）は第2次大覚醒運動に思想的影響を与えた。そのためアンダーソンが1819年秋に入学したアンドーヴァー神学校はその当時ホプキンズやエドワーズのニューイングランド神学が生み出す雰囲気に満ちていた。そのような中でウッズ（Woods, L.）から「キリスト教神学の真理」を、スチュアート（Stuart, M.）から「聖書学」を、ポーター（Porter, E.）からは「修辞学」を学ぶ。これらはアンダーソンの宣教論を基礎付けた。アンダーソン宣教論は何よりもまず聖書に立脚する。それゆえに、イエスの宣教命令「全世界に行って、すべての造られたものに福音を宣べ伝えなさい」（マルコ福音書16章15節後半）に対する従順が求められた。イエスの命令は宣教活動によるミッション教会の設立根拠ともなる。宣教活動で中心的な手段となったのは説教である。説教に続いたのが宣教活動の成果として与えられたミッション教会である。

　説教や現地人教会の成立と育成重視により、アンダーソンの宣教論は社会的活動との関わりを問われた。当時、現地人社会において盛んに行

---

(67)　アメリカンボードが宣教活動によって世界各地に設立した現地人教会を本稿では「ミッション教会」と呼ぶ。

(68)　Schneider, R. A., *The Senior Secretary; Rufus Anderson and the American Board of Commissioners for Foreign Missions*, 1810-1880. pp.96-97.

われていたのが教育事業である。そこで、著作『ミッション・スクール[69]』の概要によって、教育事業に対するアンダーソンの見解を押さえておきたい。彼はまず宣教現場で多くの時間が教育活動に割かれている事実を指摘する。

　異教徒の間で活動する宣教師は余りに多くの関心を学校に注いでいる。そのために、彼らは福音の宣教に捧げるべき時間の多くを教育に用いている。……しかも、学校は宣教活動の主要な構成要素として認められている。

次に、ペトロやパウロを初めとした使徒の宣教活動や初代教会における教育活動の実際を詳細に紹介する。その上で、アメリカンボードが担っている宣教現場における宣教と教育の状況に触れる。その後に、宣教現場における教育活動に関するアンダーソンの見解を公にしている。次の5点である。

1　特定の階層の人たちに福音の知識を教えこむために、教育は有用な手段であると認められている。
2　未開である異教徒の地において神の言の雑誌や印刷物の利用を広げようとすれば、初等教育は不可欠である。
3　小規模の学校と関わりを持ち教育現場で説教をするならば、宣教活動の成果を挙げ影響を持続することができる。
4　異教徒の若者すべてあるいは彼らの相当数の教育を引き受けることはできない。そのための労働力や費用の負担は論外である。
5　教育に関する原則は次の通りである。教育事業はミッションの費用で運用される限り、現地人教師や説教者の育成に資するものでな

---

(69)　Anderson, R., *Missionary Schools*, 1838.

けれればならない。

Anderson, Rufus

(3)　アメリカンボードとアンダーソン

　アンダーソンは19世紀アメリカンボードの第2期（1851-80）に与え
た影響が顕著である。しかし、アンダーソンは第2期においてだけ活躍
したわけではない。彼は1821年10月にボードの臨時職員として採用
され、候補者としての補助書記（1823年）、正式の補助書記（1826年5
月）を経て、主席書記になったのが1835年である。それ以来、辞任す
る（1866年）まで主席書記の責任を負っている。その後も諮問委員会
（Prudential Committee）の委員を1875年まで続けた。したがって、ア
ンダーソンは19世紀アメリカンボードの第1期から第2期にかけて長
く重要な役割を担っていた。
　第1期からの連続性において、アンダーソンがミッション教会に関し
て主張した「自治（self-government）・自給（self-supporting）・宣教主
体（self-propagating）」という教会概念も理解できる。そもそもアメリ

カンボード設立の目的は「キリスト教を知らない人々の間で、福音を伝え広めるための方法と手段を考察し、採用し、実施すること[70]」であった。ボード本部は第1期を通じて伝道を設立目的とする立場を維持している。したがって、アンダーソンの宣教論は「ボードの設立目的を実践神学的に深化し確立した」と言える。前期・中期を通じてしばしば発生した財政問題もアンダーソンの立場を側面から支持した。すなわち、1820年代・30年代・60年代に生じた財政悪化の状況において、ボードは宣教現場における支出を削減した。この政策が宣教活動を限定的に考えたアンダーソンの宣教論に有利に働く。早くも1830年代後半に加えられた「現地人説教者の養成」という宣教指針も彼の教会論に沿うものであり[71]、財政問題を含めた歴史的脈絡からとらえることができる。

　しかしながら、事情は単純ではなかった。アメリカンボードが第1期（1810-50）に宣教活動を実施したインドとセイロン・アメリカ先住民・ハワイ諸島・中国・東南アジア・アフリカで最も広範に取り組んだのが教育活動だったからである[72]。伝道活動を主体としたいボード本部と教育活動によって地域社会に足場を築きたい現地との調整が必要となる。このような事情を背景としてボード本部は1854-55年に代表団をインドとセイロンへ派遣した。ここではストロング（Strong. W. E.）の叙述によって概要を押さえておく[73]。19世紀半ばのインドとセイロンでは「宣

---

(70)　"An Address to the Christian Public on the Subject of Missions to Heathen and Translation of the Scriptures." *The Panoplist, and Missionary Magazine United*, October 1813, pp.315-328.

(71)　参照，「現地説教者の養成」塩野和夫、前掲書、51-53頁。

(72)　参照，「教育を手がかりとした宣教活動」塩野和夫、前掲書、29-38頁。

(73)　ストロングはアメリカンボードの動向や現地の活動状況を踏まえながら、アンダーソンの活動を位置づけている。参照，Strong, W. E., Ibid., pp.165-172. それに対して、シュナイダーは様々な状況を踏まえながらもアンダーソンの思想と活動を中心にまとめている。参照，"A Practical Solution; The Deputation to India" Schneider, R. A., *The Senior Secretary; Rufus Anderson and the American Board of*

教師が一般の学校教育とそのための出版事業に追われる危険があった」。そこで、「根本的な方針変化が効果的に実施されるために、ボードは代表団をインドとセイロンへ派遣する。こうして、諮問委員会はアンダーソンとトンプソン、A.C.博士を1854年11月2日にインドのボンベイへ送った」。代表団は「ミッションの教育活動はキリスト教集団への提供に限定すべきである」と主張した。これは「狭義の教育活動方針」と呼ばれる。それに対してアーメドナガル（Ahmednagar）では「広義の教育活動方針」が主張された。この立場によると「真にインドで影響力を持ち、キリスト教の真実の種を広範に蒔いた広義の教育活動方針の利点は疑いようがない」。彼らの主張は説得力を持っていた。それでも、新しい方針に従った活動への調整が進められ、実施されていく。ストロングはインドにおける教育活動の変化についてこのように結論付けている。

　　高等教育機関の閉鎖と教育組織の再編成による損害のため教育事業は力を失い、終わりを迎えたかに見えた。しかし、宣教活動は福音宣教という新たな強調点を示した。

ハワイ諸島における宣教活動は1850年代に充実した状況を示していた。ストロングによると次の通りである[74]。

　　学校組織は発展し、適応していた。すなわち、15,000名の生徒が500以上の学校に登録し、そのうち5分の4がプロテスタント系だった。……地域住民の4分の1がミッション教会に所属していた。1852年に

Commissioners for Foreign Missions, 1810-1880. pp.132-177.

(74)　参照，Strong, W. E., Ibid., pp.227-229.
　　　Schneider, R. A., Ibid., pp357-366.

は 1,600 名が信仰を告白して教会に加わった。……宣教師は監督する
だけで、ボードの援助に対する信頼を部分的に減少させていた。

このような状況は「自治・自給・宣教主体」という宣教論および会衆
主義的な教会論からするとミッション教会の自立を促していた。しか
し、「ボード撤退への道のりにおける困難は最初の宣教着手以上に予想
された」。そこで、アンダーソンがハワイ諸島を訪問し、ハワイ福音主義
同盟（the Hawaiian Evangelical Association）と協議し、1863 年 6 月まで
にアメリカンボードのハワイにおけるミッションの閉鎖を完了した。

おわりに

シュナイダー、R. A.『主席書記官−ルーファス・アンダーソンとアメ
リカンボード　1810-1880』（Schneider, R. A., *The Senior Secretary; Rufus
Anderson and the American Board of Commissioners for Foreign Missions,
1810-1880.*）はハーヴァード大学に提出された博士論文である。その
末尾に記されている参考文献表（Bibliography）の構成は次の通りであ
る。

The Senior Secretary: Rufus Anderson and the
American Board of Commissioners for Foreign
Missions, 1810-1880

A thesis presented

by

Robert Alan Schneider

to

The Committee on the Study of Religion'

in partial fulfillment of the requirements
for the degree of
Doctor of Philosophy
in the subject of
Church History
Harvard University
Cambridge, Massachusetts

September 1980

Schneider, R.A.
The Senior Secretary; Rufus Anderson and the American Buard of
Commissioners for Fureign Missions, 1810-1880

「史料保管図書館」（Manuscripts，4館）、

「ミッション団体の報告書」（Published Reports，21種類）、

「定期刊行物」（Periodicals，5種類）、

「ルーファス・アンダーソンの著作」（Published Works by Rufus
Anderson，42点）、

「その他の著作」（Other Published Works，203点）。

　さらに、「その他の著作」を10年ごとに年代別で分類すると次の通り
になる。[75]

---

(75)　Spragne, W. E. が1857年から1869年にかけて出版した9巻本については、最
　　終巻が出版された1869年の著作としている。

```
1811-20年　　7点、
1821-30年　　4点、
1831-40年　　6点、
1841-50年　　2点、
1851-60年　　17点、
1861-70年　　9点、
1871-80年　　7点、
1881-90年　　14点、
1891-1900年　　8点、
1901-10年　　5点、
1911-20年　　6点、
1921-30年　　2点、
1931-40年　　6点、
1941-50年　　5点、
1951-60年　　14点、
1961-70年　　42点、
1971-80年　　48点、
出版年不明　　1点、
合計　　　203点。
```

「その他の著作」の10年ごとの分類が示している特色は2点ある。1810年代から1980年までの170年間において途切れることなくアンダーソンに関係する著作が出版されている事実、これが第1である。第2に近年（1961年から80年）においてとりわけ多くの著作が刊行されている。これらは何を語っているのだろうか。

　アンダーソンの宣教論がアメリカンボードに決定的な影響を与えたのは19世紀の中期（1851-80）である。財政的な問題から生じた要請に「自治・自給・宣教主体の教会」を主張したアンダーソンの宣教論は的確に

対応した。加えて、実践神学的な基礎付けを持つ宣教論は宣教現場に対して強力な指導力を持った。しかし、確固とした神学的論拠を持つ宣教論には柔軟性の欠如という弱点があった。19世紀の後半に入ると、ミッション教会を取り巻く社会的な状況に変化が生じる。この変化が要請したのは教会に対する多様な活動、とりわけ社会問題に対する適切な対応であった。キリストの福音は教会に対してだけでなく、社会に対しても働きかけるからである。ところが、柔軟性を欠いたアンダーソンの宣教論は社会の要請に応えることができず、影響力を弱めていく。

　ところが、1961年代以降の20年間にアンダーソンの著作は最も多く出版されている。これは何を語っているのか。それは「福音宣教の原点に立脚していたアンダーソンの宣教論への関心の復興」だと思われる。確かに、福音は社会の多様な要請に応えた活動を展開する。同時に、福音宣教の中心にはアンダーソンが訴えた「説教」と「自治・自給・宣教主体の教会」が位置付けられる。アンダーソンが時代を越えて読み続けられる理由もここにある。

第3章　宣教師の思想と行動

1　アグニューの思想と行動

はじめに

　アメリカンボードの19世紀中期（1851-1880）における顕著な特質の1つに女性宣教師の活躍がある。財政的な困難を度々抱えた時期に、彼女たちの堅実な活動は宣教現場の信頼を得た。しかし、女性宣教師の活躍は19世紀中期に入って突然に出現したわけではない。前期にも多くの女性宣教師がいた。当時、海外宣教は女性が社会的に活躍できる数少ない現場の1つであったからである。

　セイロンで「1千人の娘たちの母」[1]と呼ばれたアグニュー（Agnew, Eliza 1807-1883）[2]も女性宣教師の先駆けとなった1人に違いない。セイロンにおけるアグニューの活動は1839年から79年にまで及ぶ。19世紀中期を中心に彼女の宣教活動の思想と行動を探りたい。

---

(1)　アグニューは "the Mother of a Thousand Daughters." と呼ばれている。これを「1千人の娘たちの母」と訳した。ヘラルド誌はウードゥヴィレ女学校（Oodooville Seminary）における40年に及ぶ活動によってアグニューが「800人を越える女性を育てた」と報告している。*Missionary Herald*, Sept., 1883, pp.329-330.

(2)　アグニューに関して次の文献がある。
　"Miss Eliza Agnew, Ceylon's 'Mother of a Thousand Daughters,'" Child, A. B., *Modern Apostles of Missionary*, 1899. pp.70-80.
　"Miss Eliza Agnew," Gracy, I. J., *Eminent Missionary Women*, pp.179-185.
　"Eliza Agnew, or One Woman's Work in the Foreign Field." Mary and Margret W. Leitch, *Seven Years in Ceylon, Stories of Mission Life*. 1890. pp.116-122.

Miss Eliza Agnew

Ceylon's "Mother of a Thousand Daughters"

1807-1883

BY MISS ABBIE B. CHILD.

I. Early Life.—1. The Decision.—In the early days of this century, about the year 1815, a faithful teacher in a day-school in New York City was giving a lesson in Geography to his pupils. As he pointed out the Isle of France on the map, he spoke of it as a place to be remembered as containing the grave of Harriet Newell who, years before, had been one of his favorite pupils. He gave an account of her beautiful life and early death, and portrayed to the class the condition of heathen people and her object in going to them. Among his scholars was a little girl of eight years with a serious, earnest face, named Eliza Agnew. Her sensitive nature was so stirred by the story of a great need, that, with a maturity beyond her years, she decided, then and there, that if it were God's will when she should grow to be a woman, she "would be a missionary to tell the heathen about Jesus." So was added one more consecrated life to the many which sprang from the influence of Harriet Newell, and thus did the seed thought of the present Student Volunteer Declaration find an early lodgment in her young heart.

2. Conversion and Service.—As she grew to womanhood, duty to her parents and family friends kept her in New York City until her thirty-third year, but she never forgot the resolve of her childhood. At seventeen, in the midst of stirring revival scenes, she gave her heart to her Lord in whole-souled surrender, and a few weeks later united with the Presbyterian Church, under the pastoral care of the Rev. Dr. McCartee. Year after year went by filled with quiet home duties, and the only outside religious work open to women at that time—in the Sabbath-school and in tract distribution.

70

II. Entrance Into Missionary Life.—In 1839 the death of her parents and the severance of other home ties had made it possible for her to fulfill her long-cherished purpose, and in April of that year, she made *application for appointment* as a missionary of the American Board. 1. *Reasons for Going.*—Her letter of application contains these words: "It was not till my seventeenth year that I was brought to a knowledge of the truth as it is in Jesus, and the desire that sympathy had enkindled in childhood was increased when I viewed them as immortal beings, possessed of spirits capable of enjoying God, ignorant of their true state and character, and the way of salvation through a crucified Saviour. These impressions, with a due sense of my obligations to Him who loved me and gave Himself for me, as well as the duties I owe to my dying fellow-creatures, and the blessing I have always enjoyed of uninterrupted health, constrain me to say, 'Here am I, Lord, send me.'"

2. *Testimonials from* her pastor and *intimate friends*, at that time, speak of her as possessed of "decision and firmness of character, of patience and perseverance;" as "modest, unassuming, obliging, kind, forbearing, cautious in speech, watchful to improve opportunities to speak for her Master;" of "an unwavering desire to spend and be spent in His service among the heathen."

3. *Voyage and Arrival.*—Rejoicing "that the Lord had condescended to prosper my way," she set sail on the thirtieth of July, 1839, with the Rev. Phineas Hunt and his wife, and two other "Female teachers," Miss Sarah F. Brown, and Miss Jane E. Lathrop. (Miss Brown was soon obliged to return because of failing health, and Miss Lathrop afterward married Rev. Henry Cherry of the Madura Mission.)

They sailed on the bark *Black Warrior*, a vessel with rather a redoubtable name for such quiet people, on so peaceful a mission. To go half-way around the world in 1899 in luxurious steamers is a pleasant holiday excursion, but this little company in their cramped, uncomfortable quarters were five months at sea, arriving in Jaffna, Ceylon, in January, 1840. They went expecting never to return. They left their native land to remain till they should go to that land from whence they would go no more out forever.

III. "Ceylon's Isle."—1. The country to which Miss Agnew went is one where every prospect pleases. It was a delight for sea-tired eyes to rest on the gorgeous vegetation of the tropics; the flambo just ready to burst into a glory of scar-

"Miss Eliza Agnew, 'Mother of a Thousand Daughters,'"

Child, A. B., *Modern Apostles of Missionary*, 1899

(1)　若い日の志

　アグニューは1807年2月2日にニューヨーク市に出生した。ただし、彼女の両親については名前も分からない。その理由は、アグニューが宣教活動に関わる事柄以外については記録を残さなかったためだと思われる。彼女は「ニューヨーク市のいくつかの学校で学んだ」とわずかに記録がある。後に教育事業に携わった事実からすると、高等教育まで受けていたと推測できる。さらに、教育事業に関わっていた可能性もある。

　比較的詳しく記録されているのは若い日の宗教的経験である。1815年のある日、平日学校（Day School）の地理の授業で教師は地図のある場所を示しながら、異邦人伝道に従事したニューエル（Harriet Newell,

1793-1812）の美しい生涯と早すぎる死を語った⁽³⁾。聞き入っていた生徒の1人である8歳のアグニューは「神の御心であるならば、将来異邦人にイエスを伝える女性伝道者になろう」⁽⁴⁾と決意した。10歳の時には、宣教医スカッダー⁽⁵⁾の講演を聞き感動している。大覚醒運動が盛り上がる1823年12月に回心を経験し、マックカーター牧師（Rev. Dr. McCarter）の指導を受けてニューヨーク市にあるオレンジ通り長老派教会（Orange Street Presbyterian Church）に所属した。

両親の死を契機として長年の志を実現するために、1839年4月にアメリカンボードの宣教師となる。女性宣教師として「黒い勇士」（Black Warrior）号に乗船してボストンからセイロンへ旅立ったのはその年の7月30日である。

(2) 19世紀前期のセイロンミッション

アグニューがセイロンへと旅立ったのは19世紀前期である。当時、セイロンミッションはどのような状況であったのか。ヘラルド誌は各ミッションの現況を毎年一覧表にして報告している。この一覧表を10年ごとに分析することにより、セイロンミッションの19世紀前期における状況を概観しておきたい。

ヘラルド誌がセイロンミッションの一覧表を初めて掲載したのは1821年1月号である。そこには、1816年に赴任した3組6名の牧師夫妻、1819年に赴任した3組6名の牧師夫妻と独身の宣教医1名、1820年に赴

---

(3) ニューエル夫妻はインドからモーリシャス島に向かったが、島に上陸して間もなくハリエットは亡くなった。19歳であった。アメリカンボードが派遣した伝道者の最初の死である。

(4) "Miss Eliza Agnew, Ceylon's 'Mother of a Thousand Daughters'", Child, A. B., *Modern Apostles of Missionary*, 1899. p.70.

(5) スカッダーは1819年からセイロンミッションで宣教医として働き、1836年にインドのマドゥラミッションに移っている。

任した独身の印刷工1名の氏名を記載している。

表15　セイロンミッション（1821年[6]）

> セイロンミッション（1816年成立）
> 　リチャード，ジェームズ牧師　リチャード，サラ女史　メイグ，ベンジャミン C.牧師　メイグ女史　プーア，ダニエル牧師　プーア，スーザン女史　1816年
> 　スパウルディング，レビ牧師　スパウルディング，メアリー女史　ウィンスロー，ミロン牧師　ウィンスロー，ハリエット L.女史　ウッドワード，ヘンリー牧師　ウッドワード女史　スカッダー，ジョン医師（宣教師）　1819年
> 　ガレット，ジェームズ（印刷工）　1820年

　1830年1月号ヘラルド誌の記録によると、1821年以降のミッション活動に着実な成長が認められる。1821年までに着任していた15人は、3人[7]を除いて、5つのステーションの責任を負っている。伝道活動以外ではティリパリー（Tillipally）・バティコッタ（Batticotta）・ウードゥヴィレ（Oodooville）の3ステーションで教育活動に従事している。パンディテリポ（Panditeripo）ステーションでは医療活動を行っている。さらに、伝道活動・医療活動、おそらく教育活動においても現地人の協力者が現れている。

---

(6)　　参照、*Missionary Herald*, 1821, January, p.1.

(7)　　1830年の報告で見られなくなったのはリチャード，ジェームズ牧師　リチャード，サラ女史　印刷工のガレット，ジェームズである。

表16　セイロンミッション（1830年）[8]

セイロンミッション
1816年設立、5ステーション

ティリパリー（Tillipally）ステーション

ウッドワード, ヘンリー牧師（宣教師）　ウッドワード女史

ドゥワイト, ティモティー（予備校の現地人教師と説教者）　モートー（上級タムール語クラスの教師）　ヴァルボティーン（タムール語の筆記者）　ロッジ, ジョーダン（自由学校の管理者）　マン, サイラスとデブサガヤム（自由学校の補助管理者、試験官）　ペイリン, セス（タムール語と英語の補助教師）　ラテイマー, ミカエル B.（補助教師）　ホッジ, チャールズ　バークス, アゼル　モンスブリー, サイルス　バラマンティー（伝道者・トラクトの配布者）

バティコッタ（Batticotta）ステーション

メイグ, ベンジャミン C.牧師（宣教師）　メイグ女史　プーア, ダニエル牧師（宣教師、ミッション学校の校長）　プーア女史

ティセーラ, ガブリエル（現地人説教者）　ウースター, サムエル（算数教師）　エドワーズ, ジャスティン（地理の教師）　コッドマン, ジョン（算数の教師）　クリスワード, ジョン, ブットナム　イスラエル W.　チャーチ, S.　マチュース, J.（様々な科目の教師）　ダッシュエル, ジョージ（自由学校の算数とタミール語文法の教師）　エベネツアー, I.　ポーター, アムバラバネン（自由学校の管理人）

ウードゥヴィレ（Oodooville）ステーション

ウィンスロー, ミロン牧師（宣教師）　ウィンスロー女史

マファーランド, アサ（現地人伝道者）　ヴァイレイ, R. W.（算数と地理の教師）　グッドリッヒ, チャールズ A.　フライツアー, ジョン B.　ローレンス, ジョン B.（様々な科目の教師）

パンディテリポ（Panditeripo）ステーション

スカッダー, ジョン医師（宣教師）　スカッダー女史

テゥーラー, マルティン（現地人医療助手）　ウィルス, サムエル　コーシナタンベ, T. W.（現地人助手）

マネピー（Manepy）ステーション

スパウルディング, レビ牧師（宣教師）　スパウルディング女史

ウッドワード, ヘンリー牧師（病気のため、1828年4月よりティリパリーを去り、1年間療養の後に回復する。1829年4月より復職している。）

---

(8)　*Missionary Herald*, 1830, January, p.7.

　1840年のセイロンミッション報告は活動者の資格だけが記載されていて、活動内容が記されていない。そのために正確には活動内容を把握できない。しかし、1830年当時の活動を前提にすると、着実な展開を推測できる。1830年にあったステーションの3か所は活動を拡大し、2か所のステーションを加えている。全ての活動者を見れば、宣教師が1840年は6名（1830年は6名）、医師が1名（1名）、女性の補助宣教師が10名（6名）、現地人説教者4名（3名）、現地人助手48名（22名）、合計70名（49名）である。この数値はセイロンミッションにおいて伝道・教育・医療・印刷等各分野における着実な発展を推測させる。なお、発展の根拠として現地人助手の果たした役割が大きいとみられる。

表17　セイロンミッション（1840年）[10]

```
　　　　　　　　　　　　セイロンミッション
ティリパリー（Tillipally）ステーション
　メイグ, ベンジャミン C.牧師（宣教師）　メイグ女史　10名の現地
人助手
バティコッタ（Batticotta）ステーション
　イーカード, ジェームズ リード牧師　ホイシング, ヘンリー R.牧
師（宣教師）　ワード, ナタン医師（宣教師）　イーカード女史　ホ
イシング女史　ワード女史
　マーティン, ヘンリー　ベイソン, セト（現地人説教者）　16名の現
地人助手
ウードゥヴィレ（Oodooville）ステーション
　スパウルディング, レビ牧師（宣教師）　スパウルディング女史
　メイルズ, ナタニエル（現地人説教者）　7名の現地人助手
パンディテリポ（Panditeripo）ステーション（休会中）
　2名の現地人助手
```

(9)　活動が減少、あるいは停滞していたステーションが2か所ある。ティリパリー（Tillipally）ステーションはウッドワード宣教師の病気静養による影響、パンディテリポ（Panditerip）ステーションはスカッダー宣教医の異動による活動休止である。

(10)　参照、*Missionary Herald*, January 1840, p.10.

マネピー（Manepy）ステーション
　マイナー，イーストマン　ストロング（印刷工）
　4名の現地人助手
チャブガチェリー（Chavgachery）ステーション
　ハッティングス，サムエル牧師（宣教師）　ハッティングス女史
　グッドリッヒ，チャールズ　A.（現地人説教者）　5名の現地人助手
バネニー（Vaveny）ステーション
　アプトルプ，ジョージ　H. 牧師（宣教師）　アプトルプ女史
　4名の現地人助手
6か所のアウト・ステーション
航海中　アグニュー，イライザ女史　ブラウン，サラ　F. 女史　ラト
ロップ，ジェイン　E.

7か所のステーション、6か所のアウトステーション、宣教師6名、医師
1名、印刷工1名、10名の女性助手宣教師、4名の現地人説教者、48名
の現地人助手
合計　70名

　1850年セイロンミッションの統計を1840年のそれと比較すると明ら
かな後退が見られる。アメリカ人の活動家は宣教師12名（1840年は6
名）、医師1名（1名）、印刷工2名（1名）、女性補助宣教師14名（10名）、
合計29名（18名）と増加している。ところが、現地人説教者2名（4名）、
現地人助手27名（48名）、合計29名（52名）とほぼ半減している。活
動現場の厳しい現実が推測できる。それまで順調に推移してきたセイロ
ンミッションの1840年代に何が起こっていたのか[11]。ストロングは1837
年にアメリカで発生した不景気がセイロンミッションに「171の自由学
校が閉鎖され、5000人以上の生徒が突然に退校させられた」と記して

---

(11)　セイロンミッションを記した次の文献がある。
　　　Rev. Howland, W. W., *Historical Sketch of the Ceylon Mission*, 1865.
　　　セイロンミッションは以下のアメリカンボード史にも記載されている。
　　　Bartlett, S. C., Ibid.
　　　Strong, W. E., Ibid.
　　　Goodsell, F. F., Ibid.

いる。1840年代に入ると、アメリカンボード本部の教育事業削減に対する方針によりセイロンミッションの教育活動は苦境に立たされる。アグニューがセイロンにおいて教育活動に責任を負ったのはそのような時期であった。

表18　セイロンミッション（1850年）[13]

セイロンミッション
ティリパリー（Tillipally）ステーション
メイグ, ベンジャミン C. 牧師　フレッチャー, アディン H. 牧師（宣教師）　フレッチャー, エリサベツ S. 女史　5名の現地人助手
バティコッタ（Batticotta）ステーション
ホイシング, ヘンリー R. 牧師　ホーランド, ウイリアム牧師　ハスティングス, ユウロタス P.牧師　ミルズ, サイルス T.牧師（宣教師）　ホイシングトン, ナンシー L. 女史　ホーランド, スーザン R. 女史　1名の現地人説教者　3名の現地人助手
ウードゥヴィレ（Oodooville）ステーション
スパウルディング, レビ牧師（宣教師）　スパウルディング, メアリー C. 女史　アグニュー, イライザ女史（教師）　1名の現地人説教者　2名の現地人助手
マネピー（Manepy）ステーション
グリーン, サムエル F. 医師（宣教師）　マイナー, イーストマンストロング　バーネル, トーマス S.（印刷工）　マイナー, ルーシー B. 女史　バーネル, マーサ女史　6名の現地人助手
パンディテリポ（Panditeripo）ステーション
スミス, ジョン C. 牧師　ノイズ, ジョセフ T. 牧師（宣教師）　スミス, ユーメイス T. 女史　ノイズ, エリサベツ A. 女史　3名の現地人助手
チャブカチェリー（Chavgachery）ステーション
スカッダー, ウィリアム W. 医師（宣教師）　3名の現地人助手
バネピー（Vaveny）ステーション
1名の現地人助手

---

(12)　Strong, W. E., Ibid., pp.32-33.

(13)　参照、*Missionary Herald*, January, 1850, p.10.

ウードゥピティ（Oudoopitty）ステーション
　3名の現地人助手

アウトステーション
　カラダイブ（Cardive）、バラニイ（Valony）、プーンゲダイブ
　（Poongedive）、カイツ（Kaits）、ムーライ（Moolai）はバティコッ
　タ（Batticatts）ステーションと関係を持っている。アトコーヴァ
　ニイ（Atohoovaly）はウードゥピティ（Oodoopitty）ステーション
　と関係を持っている。
　この国にプーア，ダニエル牧師　コープ，ウドワード牧師（宣教師）
　プーア，アン K. 女史　コープ，エミリー K. 女史　メイグ，サ
　ラ M. 女史　ホワイテルシー，アンチ C. 女史が滞在する。
8ステーション、6アウトステーション、12名の宣教師、1名の医師、2
名の印刷工、14名の女性補助宣教師、2名の現地人説教者、27名の現
地人助手　合計58名

（3）　ウードゥヴィレ女学校とアグニュー

　1850年当時、すなわち19世紀前期から中期に移行する時点における
セイロンミッションはどのような状況にあったのか。1816年に開始さ
れたアメリカンボードによる宣教活動はジャフナ近郊から始められた。
5つのステーションがその地域に建設される[14]。それは、ティリパリー
（Tillirally）・バティコッタ（Batticotta）・ウードゥヴィレ（Oodooville）・
パンディテリポ（Panditcripa）・マネピー（Maneppy）の各ステーショ
ンである。なお、7つのアウトステーションはすべてジャフナ近郊にあっ
たステーションと関係しているので、それらもジャフナ近郊にあったと

---

[14]　ティリパリーステーションはジャフナから9マイル北に1816年に設立された。
　　　バティコッタステーションはジャフナから6マイル北西に1817年に設立された。
　　　ウードゥヴィレステーションはジャフナから5マイル北に1820年に設立された。
　　　パンディテリポステーションはジャフナから9マイル北西に1820年に設立された。
　　　マネピーステーションはジャフナから4.5マイル北西に1821年に設立された。
　　　Missionary Herald, Jan. 1827. p.7.

推測できる。したがって、ボードによるセイロン島における活動は北部
を中心としたと考えられる。

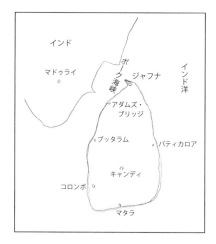

セイロン（現在のスリランカ）

　19世紀前期のセイロンミッションで最も地域社会から受け入れられ
たのは初等教育である。ステーションが各地に設けた自由学校には多く
の生徒で溢れ、現地人教師を積極的に雇って初等教育を実施した。その
上に設立されたセミナリーは少人数教育で中等教育を実施した。女子の
ために設けられたセミナリーは寄宿制度を採用していた。バティコッタ
ステーションに設けられた男子セミナリーも同様であった。1824年に
開設され1828年に閉鎖した女子セミナリーはマネピーステーションに
設けられていた。1828年に再開されたのはウードゥヴィレステーショ
ンで、女子セミナリーへの責任を負ったスパウルディング女史はステー
ションへの責任もあり多忙を極めた。加えて、女子教育への理解を欠い
ていた地域社会は生徒を送り出さなかった。表16において1830年代の
男子セミナリーに対して女子セミナリーの在校生が少ないのはそのよう

（15）　Harrison, M. H., *Udvil : High lights of the First Hundred Years*, 1824-1924, p.3.

な事情による。アグニューが女子セミナリーの専任教員として赴任したのは在校生がようやく増え始めた1839年である[16]。1840年代に入り、アグニューの働きを得た女子セミナリーは着実な歩みを続けている。1843年1月号のヘラルド誌によると、1842年当時、責任を負うスパウルディング女史と専任教員のアグニューに加えて、数名の現地人助手の助けを得て学校は運営されている。アグニューが女子セミナリーの教師となり、責任も負い始めたのは1844年である[17]。ところが、その頃から在校者数が減少していく。背後にあったのは経済的事情である。「セミナリーに要する費用は減少していかざるをえない。そのためにセミナリーは徐々に閉鎖されていくことになるだろう[18]」。きびしい経済的状況に置かれたセミナリーに思いもかけない援助が与えられる。それはセイロン政府による支援であった[19]。

女子セミナリーの授業風景

---

(16)　ただし、1841年のヘラルド誌1月号はアグニューについて「所属未定」としている。*Missionary Herald*, Jan. 1841. p.9.

(17)　参照、*Missionary Herald*, Jan. 1845. pp.8-9.

(18)　参照、*Missionary Herald*, Jan. 1850. p.10.

(19)　Strong, W. E., Ibid., p.32.

表 19　男女セミナリーの在校生の推移[20]（1826-50）

	1826	1827	1828	1829	1830	1831	1832	1833	1834	1835
男子セミナリー	126	–	–	77	–	91	83	–	–	124
女子セミナリー	31	28	閉鎖	35	–	37	26	–	–	51

	1836	1837	1838	1839	1840	1841	1842	1843	1844	1845
男子セミナリー	148	166	151	148	149	–	200	184	116	125
女子セミナリー	–	75	90	95	95	–	118	–	120	114

	1846	1847	1848	1849	1850
男子セミナリー	104	(合計で)	120	–	108
女子セミナリー	101	218	90	100	81

　19世紀中期の1850年代に入ると、男子セミナリーと女子セミナリーの歩みに大きな差異が認められる。これは何なのか。アンダーソンとトンプソン博士がアメリカンボード本部からの代表団としてインドとセイロンを巡回したのは1854 - 55年である。彼らは各地でボードの新方針「自給・自治・宣教主体」の教会形成を訴えて回った[21]。それによって大きな打撃を受けたのはミッションが経営していた中等・高等教育機関である。男子セミナリーはボード本部の方針に従い、1856年頃にセミナリーを閉鎖したうえで1861年に神学教育に特化した職業訓練校として再出発している。それに対して女子セミナリーは従来通り中等教育機関であり続けた。そこには学校の責任を負ったアグニューの強い意志とそれに基づく行動力があったに違いない。それでもストロングは「ウードゥヴィレの女子寄宿学校は相応に制限を受けた[22]」と指摘している。アグニューの強力なリーダーシップが1850年代から70年代の女子セミ

---

(20)　たとえば、1826年の在校者数として記入しているのはヘラルド誌の1827年1月号の記録である。そのようにヘラルド誌の1月号に記載された在校者数を前年の数値として記入している。

(21)　Strong, W. E., Ibid., pp. 116-17.

(22)　Strong, W. E., Ibid., p.171.

ナリーを支えた。ところが、アグニューは1880年にセイロンに向かっていたレイチェ女史に宛てた手紙で意外な自らの内面を明らかにしている。

　私のように40年に及ぶ年月を一つのステーションに留まった人はありません。仕事に関しては、霊的にはともかくとして、肉体的には私は弱く、弱く、いつも弱く、イエスが「わたしのもとに来て、休んでいきなさい」と言われているように安らぐ場が必要でした。[23]

　アグニューが告白する彼女の内面の弱さと女子セミナリーの経営に対する力強いリーダーシップをどう考えればよいのだろうか。ユング心理学にヒントがあるように思われる。河合隼雄によると、「内向と外向、思考と感情、ペルソナとアニマ（アニムス）等は互いに他と対極をなし相補的な性格を持っている[24]」。つまり、アグニューにおいてはリーダーとしての強さと個人的な内面の弱さがバランスを取って、全体性を保っていたことになる。

---

(23)　Child, A. B., Ibid., p.79.

(24)　河合隼雄『ユング心理学入門』219頁

表20　男女セミナリーの在校生の推移（1851-79）

	1851	1852	1853	1854	1855	1856	1857	1858	1859	1860
男子セミナリー	108	99	–	93	–	–	閉鎖中[25]	–	–	
女子セミナリー	93[26]	95	–	85	–	–	65	62	43	39

	1861	1862	1863	1864	1865	1866	1867	1868	1869	1870
男子セミナリー	20[27]	22	21	22	21	31	–	40	–	18
女子セミナリー	47	46	44	44	50	50	–	46	–	53

	1871	1872	1873	1874	1875	1876	1877	1878	1879
男子セミナリー	–	25	29[28]	42	30	35	31	56	67
女子セミナリー	–	53	54	60	–	96	88	86	93

おわりに

　アグニューには内面的な弱さと相補的な関わりを持つもう一つの重要な要素があったと考えられる。それは女子セミナリーの生徒に対する態度である。

　　40年の間、1千名を越える生徒が彼女のもとに来た。生徒たちは等しくアグニューを母として愛した。最初の生徒の孫も教えた。そこで人々は彼女を「1千人の娘たちの母」と呼んだ。[29]

　内面的な弱さと相補関係を持つもう一つの側面は40年変わることの

---

(25)　1858年1月号のヘラルド誌に男子セミナリーが閉鎖中であり、再び開校しようとする動きがあることを報じている。*Missionary Herald*, Jan. 1858. p.7.

(26)　93名の在校生中、23名の教会員がいたことをヘラルド誌は報じている。*Missionary Herald*, Jan. 1852, p.7

(27)　神学教育に専門化した職業訓練校として再び開校されたことを報じている。*Missionary Herald*, Jan. 1862, pp.13-14.

(28)　男子セミナリーはこの年にティリパリーステーションへ移転している。

(29)　Child, A. B., Ibid., p.76.

なかった生徒に向けた態度である。それは生徒からは母としての振る舞いと受け止められた。そこにあったのはアグニューの優しさであり、変わることのない受容力に違いない。

　アグニューは一人ひとりの生徒を母の優しさで受け止め続けた。だから、「1千人の娘たちの母」という呼称は彼女にふさわしいのである。

3世代（祖母・母・娘）にわたるアグニューの生徒たち

2　グリーンの思想と行動

はじめに

　アメリカンボードが 19 世紀中期（1851-1880）に宣教活動を始めた地域の 1 つに日本がある。1869 年にペンシルバニア州ピッツバーグ市で開催された第 60 回年会[30]が日本最初の宣教師となるグリーン（Greene, Daniel Crosby, 1843-1913）に与えた任命書[31]は当時の宣教方針であった「自治（Self‐Governing）・自給（Self‐supporting）・宣教主体（Self‐Propagating）」の特色をよく示している。

1　グリーンに託された伝道の目的は、独立自給の教会の形成にある。
2　日本での働きは、直接的な福音宣教であり、文書活動や教育活動ではない。
3　日本人の牧師を育成し、信徒による献金があれば教会を組織するように。
4　伝道地の決定はグリーンに任す。
5　日本に着任後は日本語の習得に務め、直接キリスト教伝道が可能になるまで、聖書または他の教科を教えて良い。
6　他教派の宣教師と密接な関係を保つ。
7　アメリカンボードに絶えず通信を送る。

---

(30)　第 60 回年会の報告は以下に記されている。
　　　"Annual Meeting of the Board." *Missionary Herald.* Nov. 1869. pp.353-386.
　　　第 60 回年会における日本宣教に関する記事は以下に記されている。
　　　"Proposed Occupation of Japan." *Missionary Herald.* Nov. 1869. pp.380-384.
(31)　第 60 回年会がグリーンに与えた任命書は茂義樹の翻訳を用いた。
　　　茂義樹『明治初期神戸伝道とD・C・グリーン』23 頁。

　8　会計としてアメリカンボードの資金運用を正確に行う。

　19世紀中期におけるアメリカンボード本部の宣教方針を前期と比較[(32)]すると、地域教会の「自治・自給・宣教主体」に向けて厳格に規定されていたことが分かる。他方、宣教対象となる教会は地域社会が抱えた状況の中に立たされていた。だから、ボード本部の宣教方針に直ちに対応できるわけではなく、日本の社会はまさにそうであった。したがって、派遣された宣教師はボード本部の方針と現地の教会、それと地域社会の状況の間にあって、可能な道を探ることとなる。

　グリーンの場合はどうであったのか。[(33)]彼の思想と行動を19世紀中期を中心に探ってみたい。

Greene, E. B., *A New - Englander in Japan. Daniel Crosby Greene*

---

(32)　19世紀前期本部の宣教方針については以下を参照。
　　　「アメリカンボード本部の宣教方針」塩野和夫、前掲書、45-83頁。

(33)　グリーンに関して、次の文献がある。
　　　Greene, E. B., *A New - Englander in Japan. Daniel Crosby Greene*, 1927.
　　　「D・C・グリーン」『同志社百年史　通史編一』1979年、714-716頁。
　　　茂義樹『明治初期神戸伝道とD・C・グリーン』1986年。

(1) 宣教師になる決意

　ダニエルは1843年2月にボストン郊外のロックスベリー（Roxbury,
現在のボストンハイランド）にアメリカンボードと関わりの深いグリー
ン家9番目の子どもとして誕生した。[34] 父デービッド（Greene, David,
1797-1866）は1832年以来ボードの幹事を務めていた。母メアリー
（Greene, Mary Evarts, ? - 1850）はボードが創設された1810年から31
年まで主席幹事を務めたエヴァーツの娘である。

　1849年に健康を害したデービッドがアメリカンボードの幹事を辞任
したため、一家はウースター（Worceter）の西数キロにある小さな村ウ
エストボロ（Westboro）に移る。ところが翌年、メアリーが亡くなっ
たために、家族はしばらく離散した。再び家族そろって生活を始めたの
は1852年秋で、バーモント州ウィンザー（Windsor）においてであっ
た。ウインザーで初等中学校（Grammar School）と高等学校（High
School）を終えたダニエルは、1860年秋にバーモント州の西部にある
ミドルベリ大学（Middlebury College）に入学した。しかし、数か月
学んだだけで1861年秋にはニューハンプシャー州ハノーバーにキャン
パスを持つダートマス大学（Dartmouth College）に転校している。在
学中に経済的問題・北軍のダートマス騎兵隊への入隊（62年6月-10
月）・深刻な病（a serious illness）を経験しながらも、64年夏に学士号
（Bachelor's Degree）を取得して卒業している。[35]

　1864年秋にウィスコンシン州パルミラ（Palmyra）にあるユニオンス

---

(34)　ダニエルが誕生した当時のグリーン家については、以下に詳しい。
　　　"A New England Family, 1780-1843." Greene, E. B., Ibid., pp.1-29.
　　　「生い立ち」茂義樹、前掲書、3-6頁。

(35)　ダニエルの大学生活については以下を参照した。
　　　"A New England Boyhood. 1843-1864." Greene, E. B., Ibid., pp.30-42.
　　　「大学生活」茂義樹、前掲書、6-8頁。

クール（Union School）に校長として任命され、働き始めた。年度の終わりには生徒からも地域社会からも信頼を勝ち得ている。小さな村にあった会衆派教会では日曜学校の校長（Sunday School Superintendent）と教師を担当し、宗教的な責任感を強くしている。1865-66年度はミシガン州のウォーキーガン（Waukegan）にあった初等中等学校（Grammar School）で校長を担当する。会衆派教会に所属し、地域社会の宗教活動にも熱心に参加した。グリーンは1865年夏ころまでには牧師の道への志を強め、それから数か月の間に決意を固めている。[36]

1866年9月にグリーンはシカゴ神学校（Chicago Theological Seminary）に入学した。会衆派が1855年に設立した神学校で、同級生にディヴィス（Davis, Jerome D. 1838-1910）がいる。シカゴでは会衆派の合同公園教会（Union Park Church）に出席したが、深く関わったのはムーディ（Moody, D. L. 1837-1899）が指導した教育を受けていない人々に対する「都市における宣教活動」（City Mission Work）である。父デービッドの死に際しては数日間だけ休暇を取り急いで父の元に赴いた。神学校が休みとなる5月には経済的事情で湖畔の学校（Lake Forest Academy）で臨時講師を務める。1867年9月にはマサチューセッツ州にあるアンドーバー神学校（Andover Theological School）へ移った。学問と敬虔の精神を重んじるニューイングランド神学の精神が息づく神学校でグリーンは父デービッドの関係者と関わりながら学ぶ。教員には聖書神学のミード教授（Mead, Charles M.）・セアー教授（Thayer, J. Henry）、教理学のパーク教授（Park, Edwards A.）、宣教学のアンダーソン（Anderson, Rufus）、その他にヒンクス教授（Hinks）・ゴフ教授（Gough, John B.）・ダグラス教授（Douglass, Frederick）らがいた。46名の同級生が何よりも大切にしたのは互いの交流である。「神学クラ

(36) グリーンがアメリカで教育活動に従事した時期に関しては、以下を参照した。
Greene, E. B., Ibid., pp.43-52.
茂義樹、前掲書、9頁。

ブ」（The Theological Club）を初めとしたいくつかのクラブ活動も交流の場となる。グリーンが活動的な会員であった「研究会」（Society of Inquiry）は海外宣教活動に特別な関心を寄せていた。⁽³⁷⁾

　アメリカンボードに提出した宣教師志願書によると、グリーンはシカゴ神学校在学中に海外で働く宣教師への志を得ている。アンドーバー神学校で宣教師の講演を聞き、1868年11月にアメリカンボードの集会に出席して志に対する確信が強められる。ただ一つ気がかりであった婚約者メアリー（Forbes, Mary Jane 1845-1910）の健康問題に関しても医療アドバイザーから「彼女はどの宣教地域においても健康に過ごすことができる」と助言を得た。そこで、グリーンとメアリーは1869年3月にアメリカンボードに申請書を提出した。ボードの諮問委員会（Prudential Committee）は4月6日にグリーンを宣教師として、メアリーを補助宣教師（Assistant Missionary）として任命した。⁽³⁸⁾

David Greene　Mary Evarts Greene

---

(37)　グリーンの神学校における生活に関しては、以下を参照した。
　　　Greene, E. B., Ibid., pp.52-71.
　　　茂義樹、前掲書、10-16頁。

(38)　グリーンのアメリカンボードへの任命に関しては、以下を参照した。
　　　Greene, E. B., Ibid., pp.74-77.
　　　茂義樹、前掲書、16-19頁。

(2) 試行錯誤する日本宣教の端緒

　アメリカンボードが当初グリーンに指定していた宣教地域は北中国ミッションであった。ところが、1869年夏までに派遣先はグリーンの承認を得たうえで北中国ミッションから日本へと変更された。そのため、7月にアンドーバー神学校を卒業していたグリーンは急いで日本派遣に備えた。7月28日にマサチューセッツ州ウエストボロ（Westborough）の会衆派教会で按手礼を受ける。29日には同教会で5年間に渡って交際を続けていたメアリーと結婚式を挙げた。アメリカンボードの第60回年会（1869年10月5日-8日、ピッツバーグ）で日本派遣宣教師として指名される。グリーン夫妻は11月4日に日本へ向けてサンフランシスコ港を出港、1869（明治2）年11月30日に横浜港へ到着した。[39]

　横浜から江戸に移ったグリーンは市川栄之助から日本語を学びながら、日本宣教の場所を検討する。当時、5教派（アメリカ聖公会・アメリカ長老教会・アメリカ改革派教会・アメリカバプテスト伝道協会・イギリス聖公会伝道協会）が横浜・江戸・長崎・大阪で宣教活動に備えていた。当初、江戸を候補地として考えていたグリーンはブロジェット（Blodgett, Henry）の進言を受けて、70年3月に伝道地として決定した神戸へ転居した。神戸でまず取り組んだ仕事は2つある。日本人への英語教授がその1つで、生徒には前田泰一・澤山馬ノ進（後の澤山保羅）・影山耕造がいて自宅で教えた。松山高吉が間もなく加わっている。江戸でグリーンの日本語教師であった市川栄之助も妻まつとともに神戸に転居していた。71年6月に市川と妻まつが逮捕された。キリスト教入信の疑いである。グリーンは彼らの釈放のため奔走したが、72年11月に栄

---

(39)　グリーンが日本宣教へと派遣されたいきさつに関しては、以下を参照した。
　　　Strong, W. F., Ibid., pp.263-265.
　　　Greene, E. B., Ibid., pp.78 -82.
　　　茂義樹、前掲書、21-24頁。

之助は獄中で死去した。まつは間もなく釈放される。もう１つは外国人のための礼拝着手である。仕事関係で神戸にはアメリカ人を初め、ドイツ人・イギリス人・オランダ人などの外国人がいた。キリスト教禁止の高札が立てられていても、居留地において彼らのために礼拝を行うことはできた。そこで、70年５月に外国人を対象としたプロテスタント方式の礼拝を始めた。72年11月には礼拝堂も完成して、ユニオンチャーチ（Union Church of Christ）と名付けた。初代牧師にはグリーンが就任する。ただし、外国人への礼拝は日本人への宣教活動を目的とするアメリカンボードの理解を得ることはできなかった。[40]

　アメリカンボードの宣教方針とキリスト教禁教政策の間で可能な活動を求めて試行錯誤せざるをえなかった。そのような状況にあって英語学校開設という１つの可能性がもたらされる。きっかけはグリーンたちの下で英語を学んでいた青年の希望であった。グリーンとデイヴィス（Davis, Jerome Dean 1838-1910）は1872（明治５）年12月、宇治野村（現在の神戸市中央区下山手通８丁目付近）に英語学校を開いた。開校して間もなくグリーンは学校の建物で日曜日にバイブルクラスを始めている。[41]

　ところが、わずか１年で1873年12月頃に英語学校は閉鎖された。同年２月に切支丹禁制の高札が撤去され、日本宣教への新たな可能性が開けたためである。英語学校の開校と閉校はキリスト教禁制下で試行錯誤したグリーンたちの活動の性格を象徴的に語っている。

---

(40)　神戸における当初の宣教活動に関しては、以下を参照した。
　　　Greene, E. B., Ibid., pp.101-113.
　　　茂義樹、前掲書、34-92頁。

(41)　宇治野村における英語学校の開設に関しては、以下を参照した。
　　　Greene, E. B., Ibid., pp.121-122.
　　　茂義樹、前掲書、104-122頁。
　　　日本基督教団神戸教会編『近代日本と神戸教会』24-25頁。

ユニオンチャーチ礼拝堂（1872年竣工）

(3) 日本ミッションの一翼を担う

　切支丹禁制の高札撤去はグリーンの活動に変化をもたらした。しかし、この現象はグリーンに限ったことではない。アメリカンボード日本ミッションの活動においても重要な変化が認められる。要するにグリーンの転機は日本ミッションの大きな流れの中に位置づけられるし、そうしてこそ適切に理解できる。そこで、1870年代における日本ミッションの組織と活動を概観しておきたい。

　まず高札が撤去された1873年2月までの日本ミッションの組織と活動である。来日宣教師は次の10名である。

　　グリーン　グリーン女史（1869年12月来日）、
　　ギューリック（Gulick, Orramel Hinckley 1830-1923）　ギューリック女史（Gulick, Anna Eliza 1833-1938）（1871年3月来日）、
　　ディヴィス（Davis, Jerome Dean 1838-1910）　ディヴィス女史

（Davis, Sophia Demond 1843-1886）（1871 年 12 月来日）、

　ベ リ ー（Berry, John Cutting 1847-1936）　ベ リ ー 女 史（Berry, Maria Elizabeth 1846-1932）（1872 年 5 月来日）、

　ゴードン（Gordon, Marquis Lafayette 1843-1900）　ゴードン女史（Gordon, Agnes Helen 1852-1940）（1872 年 10 月来日）。

　設立された日本ミッションのステーションは 2 か所で、神戸ステーション⁽⁴²⁾と大阪ステーション（1872 年 5 月）である。日本ミッションの第 1 回年次総会は神戸で 1872 年 1 月に開かれている。このように見ると、禁教下にあっても組織として着実に整えていたことが分かる。活動としては次の 3 点に集約できる。

　①ユニオンチャーチにおける外国人礼拝
　②英語の教授。当初は宣教師が個人で行っていたが、後に神戸宇治野村における英語学校（1872 年 12 月設立）と大阪与力町における英語塾（1873 年 1 月設立）が開校されている。
　③神戸・京都・大阪・彦根・長浜などへの訪問。
　活動としても組織と同様に準備的な段階であったことが分かる。

　高札が撤去されて以降の変化はとりわけ活動内容に顕著である。組織と活動内容を概観しておきたい。高札撤去以降、1880 年までに来日した宣教師は次の通り 43 名である。

---

(42)　神戸ステーションの設立時は不明であるが、1872 年 1 月に開催された日本ミッション第 1 回年次総会までに設立されていたと考えられる。可能性としては、グリーンが神戸に着任した時点（1870 年 3 月）・ギューリックが神戸に到着した時点（1871 年 3 月）・日本ミッションの第 1 回年次総会が開催された時点（1872 年 1 月）がある。

タルカット女史（Talcott, Eliza 1836-1911）　ダッドレー女史（Dudley, Julia Elizabeth 1840-1906）（1873年3月来日）、

アッキンソン（Atkinson, John Laidlaw 1842-1908）　アッキンソン女史（Atkinson, Carrie Electa 1848-1906）　ドーン女史（Doane, Clara Hale Strong 1841-1902）（1873年9月来日）、

デクスター（Dexter, Granville Mears 1839-?）　デクスター女史（Dexter, Florence Allene 1848-?）　グールディ女史（Gouldy, Mary Elizabeth 1843-1925）（1873年10月来日）、

レヴィット（Leavitt, Horace Hall 1846-1920）　レヴィット女史（Leavitt, Mary Augusta 1853-1914）（1873年1月来日）、

ティラー（Taylor, Wallace 1835-1923）　ティラー女史（Taylor, Mary Felicia 1842-1925）（1874年1月来日）、

ギューリック女史（Gulick, Julia Ann Eliza 1833-1936）（1874年6月来日）、

デフォレスト（Deforest, John Kinne Hyde 1844-1911）　デフォレスト女史（Deforest, Sarah Elizabeth 1845-1915）　アダムズ（Adams, Arthur Herman 1847-1879）　アダムズ女史（Adams, Sarah Catherine 1849-1925）（1874年11月来日）、

新島襄（1843-1890, 1874年11月帰国）、

ドーン（Doane, Edward Topping 1820-1890）　ラーネッド（Learned, Dwight Whitney 1848-1943）　ラーネッド女史（Learned, Florence Helena 1857-1940）　フィーラー女史（Wheeler, Justina Emily ? -1878）　スティーブンス女史（Stevens, Frances Amelia 1848-1928）（1874年11月来日）、

バローズ女史（Barrows, Martha Jane 1841-1925）　スタークウェーザー女史（Starkweather, Allice Jennette 1849-?）（1876年3月来日）、

ジェンクス（Jencks, Dewitt Clinton 1841-1923）　ジェンクス女史（Jencks, Sarah Maria 1856-1911）（1877年4月来日）、

パーミリー女史（Parmelee, Harriet Frances 1852-1933）　ウィルソン女史（Wilson, Julia 1845-?）（1877年11月来日）、

カーティス（Curtis, William Willis 1845-1913）　カーティス女史（Curtis, Delia Eliza 1856-1880）　クラークソン女史（Clarkson, Virginia Alzade 1851-1940）（1877年11月来日）、

ケリー（Cary Jr. Otis 1851-1932）　ケリー女史（Cary, Ellen Maria 1856-1946）（1878年2月来日）、

ギューリック（Gulick, John Thomas 1832-1923）（1878年10月来日）、

ディヴィス（Davis, Robert Henry 1844-1899）　ディヴィス女史（Davis, Francis Wadsworth 1852-?）　ペティ（Pettee, James Horace 1851-1920）　ペティ女史（Pettee, Isabella 1853-1937）　ガードナー女史（Gardner, Fannie Adelia 1849-1930）（1878年10月来日）、

コルビー女史（Colby, Abby Maria 1847-1917）（1879年5月来日）、

ディヴィス女史（Davis, Anna Young 1851-1944）（1879年10月来日）、

ケロッグ女史（Kellogg, Emilie Louise 1856-1902）（1880年10月来日）。

開設されたステーションは2か所で、京都（1875年10月）と岡山（1879年4月）である。日本ミッションの年会は正確には確認できない。活動としては3点に集約できる。

①伝道活動として17教会の設立への協力がある。

神戸公会（1874年4月）、梅本町公会（1874年5月）、

三田公会（1875年7月）、

兵庫公会（1876年8月）、多聞公会（1876年10月）、西京第一公会（1876年11月）、西京第二公会（1876年12月）、西京第三公会（1876年12月）、

浪花公会（1877年1月）、

安中教会（1878年3月）、明石教会（1878年10月）、

天満橋教会（1879年1月）、彦根教会（1879年6月）、八日市教会（1879年6月）、今治教会（1879年9月）、新肴町教会（1879年12月）、岡山教会（1880年10月）。

伝道活動を推進するための日本基督伝道会社の設立（1878年1月）にも協力している。

②キリスト教学校設立への協力がある。

女学校（現在の神戸女学院、1875年10月創立）、同志社英学校（1875年11月創立）、

京都ホーム（現在の同志社女子中学校・高等学校・女子大学、1876年10月創立）、

梅花女学校（1878年1月創立）

③出版事業への協力がある。

グリーン、新約聖書の翻訳作業に加わるために横浜へ移転する（1874年6月）。

『七一雑報』（1875年12月創刊）、

日本ミッション『よろこびのおとずれ』（1876年9月創刊）。

グリーン、旧約聖書の翻訳作業の委員に任命される（1877年6月）。

『六合雑誌』（1880年11月創刊）。

　組織としては来日宣教師、とりわけ28名を数える女性宣教師が際立っている。これは急速に進展した宣教活動と対応した結果だと考えられる。活動としては教会の設立とキリスト教学校設立への協力が目覚ましい。

アメリカンボード日本ミッションの活動がとりわけ教会とキリスト教学校設立への協力において急速に進んだ1873年2月以降、グリーンの存在と活動はどのように位置づけられるのか。まず、1870年代におけるグリーンの活動を概観しておきたい。グリーンは高札が撤去された1873

年2月にキリスト教書を扱う書店を神戸元町通に開き、前田泰一を店員
としている。次いで書店の一部を礼拝堂として整備し、9月から毎週日
曜日に日本語による礼拝を始めた。12月になると安息日学校を始めて
いる。日曜礼拝も安息日学校も参加者数に変化はあったものの、盛会で
あった。そして、74年4月19日の礼拝を迎える。この日の礼拝でグリー
ンから松山高吉・市川まつを初めとする11名⁽⁴³⁾が洗礼を受け、摂津第一
公会（現在の日本基督教団神戸教会）が設立された。組合教会系では最
初の教会である。グリーンは誕生した教会の初代仮牧師に就任してい
る。⁽⁴⁴⁾このように高札が撤去されて以降摂津第一公会が設立されるまで
に認められるグリーンの一連の行動は、明らかにアメリカンボードの宣
教方針に即している。ここに日本ミッションにおけるグリーンの活動の
一面がある。

　ところが、摂津第一公会設立からわずか2か月後の6月11日にグリー
ンは松山高吉を伴って横浜へ転居している。72年2月に開催された第1
回宣教師会議において各ミッション共同で聖書の翻訳作業を進めるこ
と、そのために各派から1名ずつ委員を出すことを決議していた。その
結果、組織された「横浜聖書翻訳委員会」の委員として改革派のブラ
ウン（Brown, Samuel Robbins 1810-1880）・長老派のヘボン（Hepburn,
James Curtis 1815-1911）と共にアメリカンボードのグリーンは選出さ
れていた。そのために、グリーンの到着を待って74年6月から委員会は
翻訳作業に着手する。委員長がブラウン、ブラウン不在中の委員長がヘ
ボン、書記兼会計がグリーンという体制であった。当初、翻訳作業は「1

(43)　1874年4月19日にグリーンから洗礼を受けた11名は、以下の通りである。
　　　市川まつ・小野俊二・大田源造・大田とら・北村元広・小山りき・甲賀ふじ・
　　　佐治職・鈴木清・前田泰一・松山高吉。
(44)　摂津第一公会創立に至る経過に関しては、以下を参照した。
　　　茂義樹、前掲書、113-135、161-203頁。
　　　日本基督教団神戸教会編、前掲書、34-35頁。

週4回、午後3時間ずつ行われた」が、76年には「毎週4回1度に5時間半ずつ」となっている。委員会は翻訳を終えた書から順次分冊として出版し、79年11月にすべての翻訳を終えた。80年4月には新約聖書翻訳完成祝賀会を開き、17分冊による新約聖書が刊行された。[45]日本ミッションが教会と教育において急速に活動を拡大していた1870年代にグリーンは他教派との共同作業である新約聖書翻訳作業に打ち込んでいた。ここにグリーンのもう1つの特色を認めることができる。

　当時、日本ミッションの主要な関心は協力関係にある組合教会の活動に限定されていた。それに対してグリーンはアメリカンボードの枠を超えた超教派という特色を持った活動に従事していた。グリーンが日本で最初に取り組んだ仕事の1つ、ユニオンチャーチの活動にも教派を越えた特色が認められる。松山高吉は1897（明治30）年に組合教会から聖公会に移っている。この松山の行動についてもグリーンの超教派的な立場の影響が指摘されている。[46]

グリーン、D. C.

(45)　「横浜聖書翻訳委員会」による新約聖書の翻訳作業に関しては、以下を参照した。
Greene, E. B., Ibid., pp.139-159.
溝口靖夫『松山高吉』55-65頁。
大沼田実「日本における聖書研究史―新約聖書」『新聖書大辞典』附録13-23頁。

(46)　溝口靖夫、前掲書、128頁。

(4) その後のグリーン

　「横浜聖書翻訳委員会」の責任を果たすと、グリーンは1881年に京都へ移っている。同志社で教えるためである。日本語によって教えることのできる宣教師は少なく、同志社にとってグリーンは貴重な存在であった。そこで直ちに同志社の邦語神学科で神学・旧約聖書の釈義・英文学を教えた。その間、グリーンは学生の声に耳を傾けて研究環境の整備を進め、経済的課題を抱えている者には配慮を示した。他方、頌栄館・同志社チャペル・有終館の建設に関しては設計監督者として責任を負っている。京都を離れた後も同志社に対しては理事として関わっている(1899-1911)[47]。

　1890年に東京へ移る。以後は主に関東地方におけるアメリカンボード宣教師団や組合教会の活動に協力している。社会的関心も強く、97年には片山潜の神田におけるキングスレー館建設を支援している。その間、日本アジア協会の会長や平和協会会長を務めて、日米の相互理解と関係改善に努めた[48]。

　1913年に神奈川県葉山で死去した。グリーン夫妻の墓は東京青山霊園にあったが、2001（平成13）年11月に京都市左京区若王子にある同志社墓地に移されている。

おわりに

　宣教師グリーンがアメリカンボードの宣教方針を尊重した事実は疑い

---

(47)　同志社における教育活動については、以下を参照した。
　　　Greene, E. B., Ibid., pp.188-219.
　　　「D・C・グリーン」『同志社百年史　通史編一』714-716頁。

(48)　関東に移ってからの活動については、以下を参照した。
　　　Greene, E. B., Ibid., pp.233-357.
　　　「D・C・グリーン」『同志社百年史　通史編一』714-716頁。

えない。日本宣教へと旅立つにあたって与えられた任命書にあった「伝道の目的は、独立自給の教会の形成」や「日本での働きは、直接的な福音宣教」といった指示は日本における活動に一貫しているからである。それにもかかわらず、アメリカンボードの宣教方針からは理解できないグリーンの活動がある。ユニオンチャーチにおける教派にとらわれない礼拝や超教派的な「横浜聖書翻訳員会」への積極的な参加、あるいは関東に移ってからの社会的活動への協力である。これらもまたグリーンにおいては一貫している。この事実をどのように理解すればよいのか。

　興味深い1つの事実が指摘されている。キリスト教禁教政策への違反を疑われた市川栄之助が獄中死したのは1872（明治5）年11月である。それ以来、「40余年にわたり遺された夫人まつ子の生活費は、彼女が世を終るまでグリーンの手から支給された」[49]という記録である。困窮した人に対して長期にわたる支援を伝えるこの事実はグリーンの人間像をよく語っている。すなわち、グリーンという人物は社会的弱者や経済的困窮者に対して助力を惜しまなかった。ここに彼を突き動かした根源的な動機がある。

　このようにして明らかにされたグリーンの人間像から浮かび上がってくるいくつもの事実がある。シカゴ神学校在学中に深く関わったのが「ムーディが指導した教育を受けていない人々に対する宣教活動」だった事実、市川栄之助がキリスト教入信の疑いで逮捕された際に「彼らの釈放のために奔走した」事実、同志社で教えた際に「経済的課題を抱えている者には配慮を示した」事実である。こうしてみると社会的弱者に対する活動はグリーンの生涯において一貫していた。

　したがって、宣教師グリーンには根本的に2つの行動規範があったことが分かる。すなわち、アメリカンボードの宣教方針とグリーンを突き動かした社会的弱者に対する根本的動機である。

---

(49)　溝口靖夫、前掲書、22頁。

3　ハムリンの思想と行動

はじめに

　アメリカンボード本部は１９世紀中期に入ると明確に宣教方針を規定し、各地域で活動する宣教師にも順守を求めてきた。すなわち、地域教会の自治（Self-Governing）・自給（Self-Supporting）・宣教主体（Self-Propagating）の重視である。ボード本部の宣教方針にさまざまに対応する中で、際立った行動をとる宣教師もいた。その一人がハムリン（Hamlin, Cyrus 1811-1900）である。

　1837年にアメリカンボードの宣教師に任命されると、1838年12月にハムリンは妻のヘンリエッタ（Hamlin, Henrietta）と共にトルコのコンスタンティノープルに向かった。コンスタンティノープルではベベクセミナリー（Bebek Seminary）で 1840年から 60年まで教えている。ところが、1860年にボードの宣教師を辞任し、ロバート大学（Robert College）設立に奔走し、1863年から73年まで学長を務めている。ハムリンはなぜ宣教師を辞任し、ロバート大学の設立に情熱を傾けたのか。

　宣教師の辞任をめぐっては現場においてもボード本部の宣教方針をめぐる議論があったとされている。要するにベベクセミナリーで教えてきたハムリンの教育に対する立場はボード本部の宣教方針とは一致できなかった。そこで、ハムリンは自らの信念に従ってロバート大学の設立へと向かった。

　ベベクセミナリーの辞任からロバート大学設立へと向かう時期を中心としてハムリンの思想と行動を探っていきたい。

(1) 独立心に富む青年

　サイラスは 1811年 1月 5日にメイン州のウォーターフォード

（Waterford）にハンニバル（Hamlin, Hannibal）とスザーナ（Hamlin, Susanna Faulkner）の息子として誕生した。[(50)]ハムリン家は地域社会から尊敬を受けていた農家で、家族全員が作業に従事していた。編み物を織り、糸をつむぐ音を聞いて幼少期からサイラスは育つ。少年になると、種まき・干し草づくり・刈り入れと大人と一緒になって、農作業に取り組んだ。このような生活が独立心と創意工夫に富む行動力をサイラスに育てた。

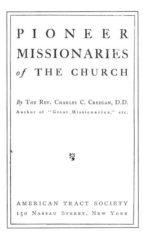

Rev. Creegan, Charles C. D. D., *Pioneer Missionaries of the Church*.

　16歳の誕生日を迎えた直後にハムリンは銀細工の職人になるために自宅を離れて40マイル離れたポートランド（Portland）に行った。仕事に従事しながら、毎日夜間学校に通う。この時期に初めてキリスト教宣教への関心を持つ。そこで、2年後には大学進学を目的としてブリッグトンアカデミー（Bridgton Academy）に入学した。

---

(50)　ハムリンの幼少期から青年期については次の2冊に記述がある。
　　Hamlin, Cyrus., *My Life and Times*, 1893
　　'Cyrus Hamlin, D. D. LL. D.', Rev. Creegan, Charles C. D. D., *Pioneer Missionaries of the Churches*, 1903, pp.113-126

　ボードイン大学（Bowdoin College）に入学したのは1830年である。大学では優れた成績を残したが、それはキリストのためであり、彼の動機は明確だった。34年にバンゴー神学校（Bangor Theological Seminary）に入学し、教授の指導に刺激を受けて研究に励んだ。37年に卒業している。

(2) ベベクセミナリーにおけるハムリン

　ハムリンは1837年にアメリカンボードの宣教師に任命されると、38年9月にヘンリッタ（Jackson, Henritta）と結婚した。2人はその年の12月に出航し、スミルナ（Smyrna）に着いた。さらに2週間かかって到着したコンスタンティノープルで、ハムリンは宣教師として働き、教え、充実した活動を始める。ところが間もなくキリスト教に対する迫害が起こり[(51)]、ボードの宣教師グッデル（Goodell）・シャフラー（Schauffler）・ドゥワイト（Dwight）とハムリンはトルコから退去させられた。

グッデル　と　シャフラー
(Goodell, W. 1792-1867)　(Schauffler, W. G. 1798-1883)

---

(51)　迫害の様子は次に記されている。
　　Rev. Creegan, Chrles C. D. D., Ibid., p.117
　　"Persecution Begins, 1839." Strong, W. E., Ibid., pp. 93-94

　ハムリンは1840年11月にボスポラス海峡に臨みコンスタンティノープルから7マイルの距離があるベベク（Bebek）に取得した家でベベクセミナリー（Bebek Seminary）を始めた。[52]男子の寄宿学校でアメリカの師範学校（normal school）に準じた課程に加えて、バイブルクラスやチャペルを設けた。当初の生徒はわずかに2名だったが、しばらくして増えていき40年代半ばには40名から50名になっていた。学外からの訪問者も1年間に1,000名を数え、地域社会の関心も強くなっていた。生徒にはユダヤ人やギリシャ人もいたが、ほとんどはアルメニア人だった。年齢も14歳から20歳と様々で、年齢差や知的レベルの違いは講義に困難を伴った。それでも、化学の実験や物理学の講義は大きな反響を生んだ。1841年にはギリシャ王室が所有していた建物へと学校を移転している。生徒のすべては貧しく、季節に応じた服を着ることのできない者も多くいた。そこでハムリンはカリキュラムの中に技能を身につけ、働く時間を取り入れた。実業教育である。彼は生徒たちと共にストーブや煙突、十能や灰受け皿を作って販売し、収益で生徒たちの服を買った。1844年の冬に生徒たちはみな温かい服を身につけていた。アンダーソン（Anderson, Rufus 1796-1880）は指摘している。「サイラスは生徒たちには注意深い配慮を示している。しかし、彼は決して生徒に改宗を試みようとはしない」。[53]

(52)　ベベクセミナリーについては次の2冊を参考にした。
　　" Cyrus Hamlin, D. D., LL. D." Rev. Creegan, Chares C. D. D., Ibid., pp.113-126
　　" Bebek Seminary," Marcia and Malcolm Stevens, *Against the Devil's Current: The Life and Times of Cyrus Hamlin*, 1988, pp.126-159

(53)　Marcia and Malcolm Stevens, Ibid., p.128

BEBEK SEMINARY
Courtesy The Pilgrim Press

移転したベベクセミナリー

　生徒たちとの共同作業による貧困問題の解決は、ハムリンに示唆を与えていた。その頃コンスタンティノープルにはパン屋がなく、新鮮でおいしいパンを手に入れることができなかった。そこでハムリンはベーカリーを作ることにする。建物を建て、粉ひき機械を購入し、エンジンを注文し、パンを焼くオーブンを設置すると、パンを作り販売した。ベーカリーは人々の食生活改善に貢献した。クリミア戦争（1853-56年）が勃発すると、多くの負傷兵が収容された病院（Scutari Hospital）から毎日6千ポンドのパンがハムリンベーカリーに注文された。次いでハムリンが作った洗濯工場にも、毎日数千着の洗濯物が持ち込まれた。この時期にコレラが兵士と貧困層の人々の間で発生したが、ハムリンがすばやく薬を手配して配布したので広がることはなかった。[54]

　18年間に及ぶ活動の後に、ハムリンはヨーロッパ諸国を経由してアメリカへ帰国した。ヨーロッパの各地ではトルコにおける話を聞こうとしてどこにおいても多くの聴衆が集まった。彼らはトルコの教会のた

（54）　Rev. Charles Creegan D. D., Ibid., pp.119-122

め、ハムリンの学校のために数千ドルの寄付をした。アメリカでも熱烈に歓迎され、彼らもまたトルコにおけるハムリンの活躍に熱狂した。旅の途中、イギリスで開かれたトルコ宣教協会（Turkish Missions Aid Society）主催の40日間にわたる集会で、ハムリンはトルコに関心を持つ多くの人々と出会った。その中に彼の生涯を大きく変えることとなる人物がいた。

(3) 浅瀬を行く船にも似たセミナリー

　1840年に開校したベベクセミナリーは1858年までの18年間を順調に歩んでいたように見える。特に際立った実業教育はハムリンの才能を十二分に生かした上、授業料や服装にも事欠いていた生徒に収入の道を開き歓迎されていた。しかし、まさにこの実業教育を巡ってアメリカンボードのトルコミッションでは熱い議論が交わされていた。[55]

　トルコミッションに参加したばかりのレンネップ（Lennep, Henry Van）は「このように世俗的な活動は生徒の学習的習慣と敬虔さをそらしてします」と強く反対した。ドゥワイト（Dwight, H. G. O. 1803-1862）はレンネップに賛同した。それに対してハムリンは「欠乏した社会に生れた魂は物乞いするよりも労働から学ぶことによって心を腐敗させることはない」と反論した。同労の宣教師からも理解されなかったハムリンの主張を受け入れたグッデル（Goodell, W. 1792-1867）はベベクセミナリーの存続に重要な役割を果たすことになる。グッデルとはどういう宣教思想の持主であり、なぜそれほど大きな影響力を持つことができたのか。彼の立場を端的にまとめた論述を見ておきたい。[56]

　狭義の宣教思想に変化がなかったのに対して、宗教や文化を含む、

---

(55)　トルコミッション及びボード本部におけるベベクセミナリーをめぐる議論については主に次の文献を参考にした。"Secular Activities," Marcia and Malcolm Stevens, Ibid., pp.143-159

(56)　塩野和夫、前掲書、153-154頁

地域社会に対する見方や態度には顕著な変化があった。貧しい人々に対して、後期のグッデルは生活に必要なものを与えながら、福音を説いた。そこには、ただ福音を伝えるというだけではない、地域社会に溶け込み、その一員として生活しているグッデルの姿がある。イスラム社会に対する見方に、この変化はとりわけ顕著である。初期の報告に見られたイスラム社会に対する厳しい批判は、後期には見られない。後期のグッデルはむしろ、イスラム社会に好意的な関心を持つ。また、イスラム教徒との良好な関係を育てながら、積極的にイスラム社会に入っている。イスラム社会に対する批判から共存への変化が、後期のグッデルに現れている。

　グッデルはなぜハムリンの理解者であることができたのか。彼らの活動の場は明らかに異なっている。グッデルが教会を主な活動の場として地域の人たちへの福音宣教活動に従事したのに対してハムリンはベベクセミナリーにおけるキリスト教教育に従事した。しかし、後期グッデルのイスラム社会に向けた立場に目を転じると両者の共通性が明らかになる。それは地域社会との共存関係を重視し育てていこうとする姿勢である。グッデルは地域社会との共存関係を育てながら、福音宣教の活動に取り組んでいた。同様にハムリンも地域社会や生徒との共存関係を大切にしながら、教育活動に打ち込んでいた。したがって、活動の場の違いを越えて、地域社会との共存関係を重んじる共通した立場からグッデルはハムリンの立場に深い理解を示したと考えられる。
　トルコミッションにおけるベベクセミナリーをめぐる論争はボストンのボード本部にも届いた。アンダーソンは「サイラスはトルコの置かれている状況の理解から離れているばかりでなく、本部が唱導している方針にも違反している」と判断した。このような本部の考えに危機を覚えた弟のハンニバル（Hannibal）はハムリンに対してボード本部に弁明するようにと懇願した。それに対してハムリンは「ボード本部に対して返

答する必要は何もない」と応えている。そこで、ボード本部は方針とし
てベベクセミナリーの活動停止を決定した。ボード本部からの通知に対
してハムリンの理解者であったグッデルはトルコミッション会議の場で
「ベベクセミナリーにおける世俗的活動の存続を維持するように」と強
く主張し、会議もこれを認めた。アンダーソンは1843-44年にトルコを
含めた中近東を訪問している。この時にもベベクセミナリーは存続を認
められている。

　「セミナリーは岩場や浅瀬、サンゴ礁の間を行く船のようである。船
長は舵を握る手を離すわけにはいかない」[57]。ベベクセミナリーが存続を
めぐって議論されていた時期のハムリンの発言である。自らの発言にあ
る通り、彼は18年間ベベクセミナリーの舵を取り続けた。しかし、それ
は順調に進んだ月日ではなく、むしろベベクセミナリーの存続さえ危う
くなるような日々における旅路であった。

(4) ロバート大学開設とハムリン

　1858年のアメリカへの一時帰国に際し、イギリスで開催されていた
トルコ宣教協会でハムリンが決定的な出会いをした人物はロバート
(Robert, Christopher, R. 1802-1878) である。ニューヨークに住むアメ
リカ人慈善家であるロバートはトルコにキリスト教系大学の設立に言及
し、ハムリンと意気投合した。1860年にはロバートとの共同事業である
大学設立に打ち込むためにハムリンはアメリカンボードを退会する。ト
ルコミッションに関わって23年、ベベクセミナリーで教えて20年が経っ
ていた。その後、1863年にロバート大学を設立し、ハムリンは設立時か
ら1873年まで学長を務めている。しかし、その間の事情は単純ではな
い[58]。

---

(57)　Marcia and Malcolm Stevens, Ibid., p.149

(58)　文献としては主に下記を参照した。

ハムリン（Hamlin, Cyrus 1811-1900）

　まず、開学までの経過を見ておきたい。ハムリンによると、すでに
1859年に将来の大学建設用地の調査を始め、ベベク近くのコロウチェシ
ナ（Koroucheshme）に適地を見つけている。地代は7,000ドルであった。
1860年にボードを退会したハムリンは夫妻でアメリカを目指す。ロバー
トとの打ち合わせに従ってイタリア・ドイツ・フランス・イギリスと経
由する旅の途上ではキリスト教系大学設立のための募金活動を行った。
61年に到着したボストンではハーヴァード大学以外では協力が得られ
ず、総額は13,000ドルにとどまった。ニューヨークに滞在した時には南
北戦争への熱意で募金活動もできなかった。このような状況も鑑みロ
バートのアドバイスもあり、ハムリン夫妻は1861年6月にはトルコにお
けるキリスト教系大学の設立に従事するためにアメリカを発った。イス
タンプールに到着してすぐに当初の大学候補地の所有者からハムリンに

　　　"Cyrus Hamlin, D. D., LL. D." Rev. Creegan, Chares C. D. D., Ibid., pp.113-126
　　　"Robert College – The Beginning ," Marcia and Malcolm Stevens, Ibid., pp.270-
301.
　　　"The Founding of Robert College." Hamlin, Cyrus, *My Life and Times*, pp.415-
484.

土地売却の申し出があった。ところが、当局からは候補地におけるキリスト教系大学設立の許可がおりなかった。そこでハムリンはアメリカンボードと交渉を始め、べべクにあったセミナリーの使用に関して「校舎の維持と管理に責任を持つ」ことを条件として貸与の契約を結ぶ。こうしてかつてのべべクセミナリーでロバート大学が開設されたのは1863年であった。開設当初の大学は予科と本科から構成され、当初の教員は次の通りであった。

　パーキンス（Rev. Perkins, George）、
　シャフラー（Rev. Schaufller, Henry）神学・ギリシャ語担当、
　カザコス（Mr. Kazakos）フランス語担当、
　ダレム（Dalem, M.）イタリア語とデザイン担当、
　マーチェシ（Mr. Marchesi, M.）アルメニア語担当、
　ギジジアン（Mr. Gigizian, Hagopos）、
　開学後に数名が加わっている。

　大学は4名の学生で始め、数年のうちに30名を越えている。べべク近くの校地に関して使用許可が出たので、1869年に移転した。新しい校地で最初に建てられた校舎はハムリンホール（Hamlin Hall）と命名された。

ロバート大学

　ロバート大学の開設において何より問題となるのはアメリカンボードとハムリンの関係である。ベベクセミナリーのおけるハムリンの教育方針はトルコミッションにおいてもボード本部からも支持されていなかった。唯一ハムリンを理解し支えたグッデルは1865年に宣教師を辞任し、67年に75歳で亡くなっている。つまり、ハムリンがロバートと出会って意気投合しロバート大学開設のためにアメリカンボードの宣教師を辞任した1860年には、ボードの宣教師として教育活動を継続する環境が一段と厳しくなっていた。事実、ボストンで募金活動に従事していたハムリンに対してアンダーソンは「ボードの教育活動は現地住民の子弟に限る」と主張して、非協力的だった[59]。したがって、ハムリンがトルコにおける最初のキリスト教系大学の設立に情熱を燃やした要因の１つとしてベベクセミナリーにおける見通しの厳しさがあげられる。ところが、ハムリンの著書にはアメリカンボードに対する否定的な叙述が認められない。なぜか。ボードとの友好的な関係を持続しないことにはベベクセミナリーの校舎借用によるロバート大学の開設ができなかったことが理由として考えられる。

　アメリカンボードとの関係を考慮して採用した教員が２名いた。１人はトルコミッションにおける同労者シャフラー（Schauffler, Williams）の子息（Rev. Schauffler, Henry Albert）である。彼は1859年にウィリアムズ大学（Williams College）を卒業し、さらに神学をアンドーヴァー神学校で法学をハーヴァード大学で学んでいる。その後、ロバートの援助を受けて１年間ドイツのハイデルベルク大学で研修している。もう１人はパーキンス（Rev. Perkins, George A.）である。パーキンスはボードイン大学を終えた後、1859年にバンゴー神学校を卒業している。しかも、1854年から59年までは宣教師としてトルコで働いていた。彼ら２人はロバート大学開設時にハムリンに次ぐ立場に置かれていた。期待

（59）　Hamlin, Cyrus, Ibid., p.423.

の大きさが推測できる。ところが、開設間もない大学でシャフラーと1学生の間にトラブルが発生した。この問題をめぐってハムリンとシャフラーの対応には際立った違いがあった。学生への厳しい処罰を求めたシャフラーに対して、ハムリンは穏やかな対応を求めた。パーキンスもシャフラーの立場を支持して、彼らは「ハムリンは人間的にも見ても現実的対応においても大学の学長にふさわしくない」と批判を始めた。[60]1864年11月にシャフラーとパーキンスは大学を辞任している。しかし、教員間の対立は理事会においても尾を引いた。ロバートが「全面的にハムリンを支持する決断を下した」のは65年3月である。[61]

　その後のハムリンを簡潔に見ておきたい。1873年に学長を辞任したハムリンはアメリカで2年間ロバート大学の基金を募る募金活動に従事する。1876年にはかつての同僚からトルコでの教育活動に復帰するようにと誘われ、バンゴー神学校（Bangor Seminary）で3年間教えている。1880年にはアメリカバーモント州のミドルベリー大学（Middlebury College）の学長となり、1885年まで務めている。

おわりに

　ハムリンの思想と行動を1860年のボード宣教師の辞任と1863年のロバート大学設立を中心として考察したい。一般にハムリンは、ボード本部の宣教方針が伝道活動重視へと変化した19世紀半ばにあって、教育活動への独自の立場を貫いた人物として評価されている。ハムリンに対するこの見方には基本的な正しさとそれだけでは読み解けない課題もある。

　まず、基本的な正しさである。ハムリンの教育者としての一貫性を

（60）　Marcia and Malcolm Stevens, Ibid., p.278. ハムリンは自らの著作においてこの問題について一切言及していない。

（61）　Marcia and Malcolm Stevens, Ibid., p.249.

評価する立場は1860年に宣教師を辞任し、1863年にロバート大学を設立した歴史的事実とその間のハムリンの生き方に基づいている。その上で、何が彼をそのような生き方に導いたのかが問われなければならない。実はそれまでにもハムリンのこのような特色は見られていた。たとえば、トルコミッションの会議で「このように世俗的な活動は生徒の学習的習慣と敬虔さをそらしてしまいます」と強く反対された時に、「欠乏した社会に生まれた魂は物乞いするよりも労働から学ぶことによって心を腐敗させることはない」と反論して独自の教育活動を継続している。あるいはボード本部におけるアンダーソンの批判に危機を覚えたハンニバルからボード本部に弁明するようにと懇願された際にも「ボード本部に対して返答する必要は何もない」と応えている。これらの行動には自らの教育にゆるがぬ自信をもって活動しているハムリンが見られる。何がこれほどの自信を与えたのだろうか。何よりも考えられるのは幼少期から取り組んだ農作業によって育まれていた「独立心と創意工夫に富む行動力」である。幼少期に育てられた人間性は青年期においても宣教師となってからもハムリンの基本的な特性として育てられていた。

　しかし、「独立心と創意工夫に富む行動力」だけでは分析できないハムリンの行動が2点ある。これらはどのように考えればよいのであろうか。まず、ロバート大学設立に至る時期におけるハムリンのアメリカンボードに対する態度である。すでに指摘していた通り、ハムリンの著書には彼の教育方針に反対する宣教師や彼を排除したアンダーソンに対する批判的な叙述はない。この点に関してはロバート大学がベベクセミナリーの校舎を借用して開学した事情が考えられる。要するに「独立心と創育工夫で富む行動」だけでは切り開けない事態に対して、細心の注意を払って事柄の解決に向かっている。しかし、アメリカンボードとの関係はそれだけではない。ボードの関係者として採用されたシャフラーとパーキンスをめぐる開学当初に発生した深刻な事態があった。この件についてマルシアとマルコムが詳細に事件のいきさつを述べ考察を加え

ている のに対して、ハムリンは自らの著書において一切言及していない。自らの教育活動に自信があるのであれば、堂々と自分の立場を公にし、同様にシャフラーたちの立場にも言及すればよさそうである。なぜ、開学当初に発生した深刻な事態に対する言及を避けたのか。この件に対して彼が細心の注意を払ったのは間違いがない。その上で、一切の言及を避けた。それはロバート大学の将来に禍根を残さないためであったと考えられる。要するにアメリカンボードとの友好な関係を前提しないことには成立しないロバート大学の現在と将来を考え、シャフラーたちとの対立についても細心の注意を払って、言及を避けたと考えられる。

　もう1点はロバート大学の学長就任以降の活動内容である。ハムリンは1873年に学長を辞任すると、アメリカで2年間ロバート大学のための募金活動に従事している。それからの3年間はトルコのバンゴー神学校で教え、1880年からは85年までアメリカのミドルベリー大学の学長を務めている。要するに比較的短い間に次々と教育現場を変えていくのである。これではどの現場においても十分な教育効果は期待できない。もし独自の方法に自信を持って教育活動に取り組むのであれば、同じ場所に長く務める必要がある。考えられるのは年齢からくる限界である。ハムリンがロバート大学学長を辞任した1873年には62歳であり、ミドルベリー大学学長に就任した1880年には69歳であった。高齢期に入っていたハムリンにはかつてのように自らの信念に基づいた創造的な教育活動には従事できなかったのであろう。このように考えると、ベベクセミナリーにおける教育活動と情熱を燃やして取り組んだロバート大学の開設にはハムリンの個性が十分に生かされていた。

---

(62)　Marcia and Malcolm Stevens, Ibid., pp.270-301

4　グラウトの思想と行動

はじめに

　1833年に調査を開始したアフリカ大陸でアメリカンボードが1851年に宣教活動を行っていたのはズールーミッション（Zulu Mission）とガボンミッション（Gaboon Mission）だけであった。しかも、ガボンミッションは1870年にアメリカ長老派教会の宣教団体に移管している。したがって、19世紀中期（1851-80年）を通じてアフリカで宣教活動を継続していたのはズールーミッションだけである[(63)]。

　不安定なケースが多かったアフリカで比較的安定した活動を継続したズールーミッションに貢献した宣教師の1人にグラウト（Grout, Lewis 1815-1905）がいる。グラウトがズールーミッションで働いたのは、1847年から62年までの15年間である。必ずしも長いとは言えない在任期間に彼は大きな足跡を残し、アメリカに帰ってからも関わりを続けている。

　グラウトが残した主要な貢献の1つがズールー語の文法書の出版である[(64)]。在任中の1859年に出版した文法書は、聖書を初めとしたキリスト教書の翻訳や出版に大きく貢献した。それだけでなく、欧米人のアフリ

---

(63)　アメリカンボードの19世紀中期（1851-1880）のアフリカにおける活動については下記の文献を参照した。

　　Bartlett, S. C., Ibid., pp.161-173.

　　Strong, W. E., Ibid., pp.279-289.

(64)　グラウトによるズールー語の文法書は下記の通りである。

　　The Isizulu. A Grammar of the Zulu Language: accompanied with a Historical Introduction, also with an Appendix. By Rev. Lewis Grout, Missionary of the American Board and Corresponding Member of the American Oriental Society. Natal: Printed by James C. Buchanan, at Umsunduzi. Published by May and Davis, Pietermaritzburg; J. Cullingworth, Durban. London: Trubner and Co., 60 Paternoster Row. 1859.

カ理解に重要な役割を果たしている。もう1つの主要な貢献はズールー族の一夫多妻主義に関する考察である。この問題にグラウトはズールー族の立場に立って取り組み、解決の糸口を求めている。

　ズールー語文法書の出版や一夫多妻主義の研究になぜ取り組んだのか、グラウトに対する関心は尽きない。ところが、グラウト研究に着手すると直ちに大きな壁に直面する。グラウトにしても妻のリディア（Grout, Lydia B. 1818-1897）にしても、ほとんど自分のことを記していないからである。そこでグラウトの著書や彼らについて記している文献から考察していかざるをえない。

(1) ズールーミッションに着任するまで[(66)]

　ルイスはジョン（Grout, John）とアズバー（Grout, Azubah）の9人兄弟の長男として1815年1月28日にヴァーモント州ニューフェイン（Newfane）に生れた。長男であったルイスは早くから厳しい農作業に従事し家族を支えた。グラウト一家は西ブラッテルボロ（West Brattleboro）に転居した1836年まで、父が教会の執事を務めていたマールボロ（Marlboro）にあった会衆派教会に出席していた。ルイ

---

(65)　グラウトによるズールー族の一夫多妻主義に関する研究文献は次の通りである。

　　　A Reply to Bishop Colenso's Remarks on the Proper Treatment of Cases of Polygamy, as Found Already Existing in Converts from Heathenism. By an American Missionary. Pietermaritzburg, 1855.

　　　An Answer to Dr. Colenso's "Letter" on Polygamy. By an American Missionary. Pietermarizburg, 1856.

(66)　ズールーミッションに着任するまでのルイスについては下記の文献を参照した。

　　　A Partial List of The Fruits of his Pen, with a Prefatory Note, by the Rev. Lewis Grout. Brattleboro: The Phoenix Job Printing Office. 1899.

　　　The Autobiography of the Rev. Lewis Grout or A Brief Outline, Supplement, and Appendix, of his Eighty-eight Years of Life and Labors in Africa and America, with an Introduction by the Rev. Luther M. Keneston, for Sale by Clapp and Jones, Brattleboro, VT.

スは 1834 年から 37 年にかけてブラッテルアカデミー（Brattleboro Academy）に、38 年にはバーセミナリー（Burr Seminary）を経てイェール大学（Yale College）に入学し、42 年に卒業している。その間、1835-36 年の冬季にはマールボロ（Marlboro）にある地域の学校で、36-37 年の冬季にはパトニー（Putney）にある地域の学校で、37-38 年の冬季には西グイルフォード（East Guilford）にある地域の学校で教えている。大学在学の後半期に入ると、ニューヨーク州のウエストポイント（West Point）にある軍隊・古典・数学の学校で教え、卒業後も 1 年間教え続けている。1844 年から 45 年の 2 年間はイエール神学大学（Yale Divinity College）で神学を学び、さらにアンドーヴァー神学大学（Andover Theological Seminary）で 1 年間学び、1846 年に卒業している。神学校在学中の 1844 年にはカムストック女子学校（Miss Comstock's Ladies' Seminary）で教え、45 年にはニューヨークにある通商ジャーナル誌（Journal of Commerce）の編集を担当しながら、ヘレック家のチャプレンを担当した。1846 年 11 月 8 日にヴァーモント州のスプリングフィールドでアメリカンボードの宣教師に任命され、同じ日にリディア（Bates, Lydia）と結婚している。

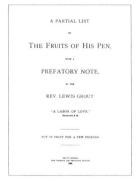

A Partial List of The Fruits of His Pen

The Autobiography of the Rev. Lewis Grout

リディアはフィニアス（Bates, Phineas）の12人の子どもの末子とし⁽⁶⁷⁾て1818年8月16日にスプリングフィールド（Springfield）に生れた。独立心と表現力豊かな娘として18歳まで育ち、スプリングフィールドにあった寄宿舎学校を経て1843年から46年までマウントホリヨークセミナリー（Mount Holyoke Seminary）で学ぶ。ルイスと結婚したのは、1846年11月8日である。

*A Memorial Sketch of the Life and Character
of the Mrs. Lydia B. Grout*

(2) ズールーミッションにおいて

グラウト夫妻は結婚した2日後の1846年11月10日にボストンを出航し、南アフリカを目指した。ケープタウンで数週間滞在し、目的地であったイギリス植民地のナタール（Natal）に到着したのは47年2月15日である。さらにステーションを形成するためウムサンドゥジ（Umsunduzi、ダーバン（Durban）から北西へ35マイル、海岸から15マイルの地域）に向かい、グラウト夫妻は現地住民であるズールー族に対

---

(67)　ルイスと結婚するまでのリディアについては下記の文献を参照した。

　　A Memorial Sketch of the Life and Character of the Mrs. Lydia B. Grout, Who died in West Brattleboro, Vermont, April 27, 1897. Brattleboro: The Phoenix Job Priting Office. June 1897.

する宣教活動に取り組んでいる[68]。

　1835年に開始していたズールーミッションも戦争などにより2度中断している。3度目の活動に取り組んだのが1840年代後半であり、グラウト夫妻もそのメンバーだった。この時には9組の宣教師夫妻が加わっている。

1940年代後半にズールーミッションに参加した宣教師夫妻

出航日　ナタール到着日

　ブライアント夫妻（Bryant, James C. and Mrs. Bryant, Dolly F.）

46年4月15日．46年8月15日．

　グラウト夫妻（Grout, Lewis and Mrs. Grout, Lydia）

46年10月10日．47年2月15日．

　マッキンネイ夫妻（McKinney, Silas and Mrs, McKinney, Fanny）

47年4月29日．47年7月31日．

　マッシュ夫妻（Marsh, Samuel D. and Mrs. Marsh, Mary S.）

47年11月28日．48年1月20日．

　ルード夫妻（Rood, David and Mrs. Rood, Alvira V.）

47年10月28日．48年1月20日．

　アイルランド夫妻（Ireland Wm. and Mrs. Ireland, Jane）

48年10月14日．49年2月13日．

　エイブラハム夫妻（Abraham, Andrew and Mrs. Abraham, S. L.）

49年4月17日．49年7月16日．

　タイラー夫妻（Tyler, Josiah and Mrs. Tyler, Susan W.）

49年4月17日．49年7月16日．

（68）　ズールーミッションにおける宣教活動については主に下記の文献を参照した。
Historical Sketch of the Zulu Mission, in South Africa, by Rev. Ireland, William, Published by the American Board of Commissioners for Foreign Missions, 33 Pemberton Square, Boston.

ワイルダー夫妻（Wilder, H. A. and Mrs. Wilder, Abby T.）

49年4月17日 . 49年7月16日 .

　グラウトはウムサンドゥジで意欲的に宣教活動と研究に没頭した。そ
れらはいずれも開拓者的性格を持ち、アメリカ人にはロマンを感じさせ
る多様性に富んでいた。彼が特に多くの時間と関心を割いたのはアフリ
カ語で、とりわけズールー語の研究であった。ステーションの活動とし
ては教えて説教し、巡回伝道に出かけ宣教に務めた。キリスト教やその
文化に馴染みのない地域でステーションを作るためには時に建築家や大
工となり、レンガ製造人や石工、車輪の製造者となり、医師や歯科医と
もなった。さらに道を切り開き、浅瀬を渡る場所を開拓し、豹も捉えた。
　宣教師の精力的な活動は1851年当時のズールーミッションに12のス
テーションを生み出していた。

ズールーミッション（1851年当時）所属の12のステーション

ウムボテ（Umvoti）. ダーバン（Durban）の北西45マイル、海岸か
　　ら5マイル。

マプムロ（Mapumulo）. 　ダーバンから北へ70マイル、海岸から25
　　マイル。

イナンダ（Inanda）. ダーバンから北西へ15マイル、海岸から10マ
　　イル。

ウムサンドゥジ（Umsunduzi）. ダーバンから北西へ35マイル、海岸
　　から15マイル。

イタファマーシ（Itafamasi）. 　ダーバンから北西へ30マイル、海岸
　　から15マイル。

エシヅンビーニ（Esidumbini）. ダーバンから北へ40マイル、海岸か
　　ら20マイル。

テーブルマウンテン（Table Moutain），ダーバンから北西へ40マイル、
　　海岸から40マイル。

アマンジムトテ（Amanzimtote），ダーバンから南西へ22マイル、海
　　岸から6マイル。

イフーミ（Ifumi），　ダーバンから南西へ35マイル、海岸から6マイル。

アマーロングワ（Amahlongwa），ダーバンから南西へ47マイル、海
　　岸から5マイル。

イファファ（Ifafa），ダーバンから南西へ65マイル、海岸から5マイル。

ウムトワゥミ（Umtwalmi），ダーバンから南西へ78マイル、海岸か
　　ら10マイル。

　当時、グラウトが所属していたウムサンドゥジステーションには50
名の礼拝出席者と12名の教会員がいた。ズールーミッション全体では
935名の礼拝出席者と266名の教会員がいた。

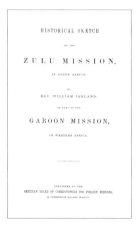

Historical Sketch of the Zulu Mission, in South Africa,
by Rev. Ireland, William

(3)　一夫多妻主義の克服を信じて

　アフリカの南東部にあるナタールからウトゥゲラ川（Utugela River）

を境界とする東北部に、ズールー国と呼ばれている地域があった。地域
の名称に見られるようにナタール周辺には多くの現地住民であるズー
ルー族が生活していた。彼らの特徴の一つが既婚者と未婚者を服装など
において明確に分けることであった。たとえば、既婚のズールー族女性
は腰から膝までを覆う服を着ていた。それに対して少女や未婚の女性は
足首まで覆う服装を身につけていた。既婚の男性が頭の毛を剃っていた
のに対して、未婚の男女は髪の毛を長く伸ばしていた。このように既婚
者と未婚者の区別を厳格にしていたにもかかわらず、ズールー族におい
て一夫多妻主義は民族の歴史的伝統となっていた。

　この一夫多妻主義が欧米によるキリスト教宣教活動にとって大きな課
題となった。1850年代初めにナタール国イギリス国教会主教への就任
が予定されていたコレンソー博士（Dr. Colenso）がナタール国に10週
間滞在した。その間に数日間、ウムサンドゥジステーションを訪ねグラ
ウトとアフリカ先住民に対する宣教活動について話し合っている。な
かでも先住民の一夫多妻主義が主要な話題となった。イギリスに帰っ
たクレンソー博士は『ナタールにおける10週間』（*Ten Weeks in Natal*）
を書きあげ、1855年にナタール国で出版している。それに対してグラ
ウトが書き、出版したのが、『コレンソー主教の意見に対する返答、異
教からの改宗者に認められる一夫多妻主義に関する適切な扱いに関し
て』（*A Reply to Bishop Colenso's Remarks on the Proper Treatment of Cases
of Polygamy, as Found Already Existing in Converts from Heathenism*. By an
American Missionary. Pietermaritzburg, 1855.　以下、『コレンソー主教
への返答』と略記する）である。

　グラウトは『コレンソー主教への返答』の「第1章　序」（"Chapter 1.
Introduction"）[69] の冒頭で「ナタールの住民は一夫多妻主義の習慣に関す

---

(69)　*A Reply to Bishop Colenso's Remarks on the Proper Treatment of Cases of
Polygamy, as Found Already Existing in Converts from Heathenism*. By an American
Missionary. Pietermaritzburg, 1855. pp.3-5.

る新しい原理の公表によって驚きを与えている」と始めている。それに
対して、コレンソー主教はわずか10週間のナタール国における滞在に
おいて「（現地住民が）一夫多妻主義を改める様に宣教師に求め」、半年
足らず生活して書いた小冊子にも「聖書によって認められない習慣（一
夫多妻主義のこと）である」と強調している。「第2章　主教に反論す
る根拠の証言」（"Chapter 2. Presumptive evidence against the Bishop"）[70]
をグラウトは「もし宣教師が一夫多妻主義に対して誤っているのであ
れば」と始め、主教の主張を紹介する。その上で、「しかし、すべての
福音主義宣教団体において、宣教師は主教の主張に反する根拠を与えて
いる」とする。その根拠として、福音が宣べ伝えられ、キリストと使徒
と聖霊と神の言葉に対する信仰によって教会が立てられている。その
上で、そのような歩みの中で多くの一夫多妻主義者が洗礼を受け、キリ
ストの交わりに45年にわたって加えられている。彼らがかつての習慣
を続けることができるだろうかと問うている。「第3章　旧約聖書への
注目」（"Chapter 3. A Notice of Passages in the old Testament."）[71]では、ヨ
ブ・アブラハム・ヤコブとダビデ・申命記を取り上げ、「第4章　新約
聖書への注目」（"Chapter 4. A Notice of Passages in the New Testament,
and of other Authorities."）[72]ではキリストとパウロをとり上げて、一夫多
妻主義について論じている。「第5章　教会史からの証言」（"Chapter 5.

---

(70)　*A Reply to Bishop Colenso's Remarks on the Proper Treatment of Cases of Polygamy, as Found Already Existing in Converts from Heathenism.* By an American Missionary. Pietermaritzburg, 1855. pp.5-8.

(71)　*A Reply to Bishop Colenso's Remarks on the Proper Treatment of Cases of Polygamy, as Found Already Existing in Converts from Heathenism.* By an American Missionary. Pietermaritzburg, 1855. pp.8-17.

(72)　*A Reply to Bishop Colenso's Remarks on the Proper Treatment of Cases of Polygamy, as Found Already Existing in Converts from Heathenism.* By an American Missionary. Pietermaritzburg, 1855. pp.17-29.

Additional Testimony from Church History"）⁽⁷³⁾では一夫多妻主義の現実と
関わった使徒や初代教会史からテリトアヌスやユーセヴィウスをとり
上げて検討している。「理性と良識」（Reason and Common sense）に
も言及している。その後、「第6章　偶然の言及への注目」（"Chapter
6. A Notice of Incidental Remarks"）⁽⁷⁴⁾、「第7章　理性と良識を考える」
（"Chapter 7. Reason and Common sense considered"）⁽⁷⁵⁾、「第8章　何故福
音は現地住民に嫌われるのか」（"Chapter 8. Why is the Gospel disliked
by the Natives in their Heathen State ?"）⁽⁷⁶⁾と実に広範に及ぶ考察を続
け、「第9章　それ以外の言及への注目と結論」（"Chapter 9. A notice of
other Remarks and the Conclution"）⁽⁷⁷⁾で結んでいる。

　グラウトの考察は広範囲に及ぶことを特色の1つとしているが、それ
はコレンソー主教に反論する必要から生じていた。しかし、ズールー族
の一夫多妻主義をめぐる両者の立場の違いは「第1章」、「第2章」で明
らかになっていた。コレンソー主教はキリスト教の立場からズールー族
の一夫多妻主義を批判し、キリスト教はこの問題に正面から取り組ま

---

(73)　*A Reply to Bishop Colenso's Remarks on the Proper Treatment of Cases of Polygamy, as Found Already Existing in Converts from Heathenism.* By an American Missionary. Pietermaritzburg, 1855. pp.29-32.

(74)　*A Reply to Bishop Colenso's Remarks on the Proper Treatment of Cases of Polygamy, as Found Already Existing in Converts from Heathenism.* By an American Missionary. Pietermaritzburg, 1855. pp.32-34.

(75)　*A Reply to Bishop Colenso's Remarks on the Proper Treatment of Cases of Polygamy, as Found Already Existing in Converts from Heathenism.* By an American Missionary. Pietermaritzburg, 1855. pp.34-47.

(76)　*A Reply to Bishop Colenso's Remarks on the Proper Treatment of Cases of Polygamy, as Found Already Existing in Converts from Heathenism.* By an American Missionary. Pietermaritzburg, 1855. pp.47-53.

(77)　*A Reply to Bishop Colenso's Remarks on the Proper Treatment of Cases of Polygamy, as Found Already Existing in Converts from Heathenism.* By an American Missionary. Pietermaritzburg, 1855. pp.53-56.

ければならないと主張していた。それに対してグラウトは45年に及ぶ
キリスト教の宣教活動とその成果を根拠として、キリスト教を受け入れ
た現地住民においては一夫多妻主義の問題が克服されつつあるとした。
この点についてコレンソー博士は「あまりにも理論家である」とし、そ
れに対して「異教の地にあって真実な教会の形成に努め、そのことが地
域社会の変革の中心として機能していた」とする理解もある。[78]

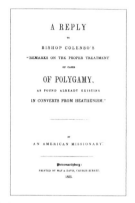

*A Reply to Bishop Colenso's Remarks on the Proper Treatment of
Cases of Polygamy, as Found Already Existing in Converts
from Heathenism.*
By an American Missionary. Pietermaritzburg, 1855.

（4）ズールー語文法書との取り組み

アメリカンボードの宣教師に任命されたグラウトはズールーミッショ
ンに着任する前後からズールー語の学習に取り組み始めた。しかし、英
語のアルファベットに相当する言語の体系を持たず、現地住民の口調か

（78）　著者は分からない。この指摘は以下にある。
　　　"Chapter 5. Colenso and Grout on Polygamy" in *The Autobiography of the Rev.
　　　*Lewis Grout or A Brief Outline, Supplement, and Appendix, of his Eighty-Eight Years
　　　Life and Labors in Africa and America with an Introduction by the Rev. Luther M.
　　　Keneston, For Sale by Clapp and Jones. Brattleboro, VT. pp.31–33.

ら学ぶしか方法のなかった学習は困難を極め、ひたすら忍耐を求められ
た[79]。ボードは1849年に3人の宣教師にズールー語文法書の製作を依頼
する。この3人の中にウムナンドゥジステーションで活動を初めてわず
かに3年目のグラウトが入っていた。ズールー語に対する研究の熱心さ
がすでに評価されていたことが分かる。

アフリカ時代のグラウト

　ところが、1853年までに3人のうちの1人は亡くなっている。それは
アダムス博士（Dr. Adams）かもしれない。彼は16年間に及ぶ宣教活
動の後に1851年9月8日に惜しまれながら亡くなっている。1人は離
任しているが、マーシュ（Marsh, Samuel D.）宣教師かもしれない。彼

（79）　「（4）ズールー語文法書との取り組み」は主として以下の文献を参照した。
　　　　"Chapter 6. Preparing a Grammar of the Zulu Language" in The Autobiography of
　　　　the Rev. Lewis Grout or A Brief Outline, Supplement, and Appendix, of his Eighty-
　　　　Eight Years Life and Labors in Africa and America with an Introduction by the Rev.
　　　　Luther M. Keneston, For Sale by Clapp and Jones. Brattleboro, VT. pp.34-40.

は1853年12月にイタファマスステーション（Itafamas Station）を離任した後に、亡くなっている。1853年以降、グラウトは宣教活動に従事しながら、1人で文法書の製作に取り組み続けた。間もなく、イギリス植民地政府のズールー語文法書及び辞典制作委員会が委員の1人に彼を選び、研究活動に新たな仲間とも出会った。こうして、様々な支援を受けながらも孤独な作業に取り組み続け、1859年にズールー語の文法書である『ズールー語の文法書——歴史的な序文と付録付——』（*The Isizulu. A Grammar of the Zulu Language: accompanied with a Historical Introduction, also with an Appendix.*, 以下『ズールー語の文法書』と略記する）を出版した。それは作業を始めた1849年から10年目、グラウト44歳の時であった。

　出版すると、『ズールー語の文法書』は宣教団体の関係者だけでなく、地域社会からも高く評価された。1859年12月1日発行の『ナタールの報道者』（*The Natal Mercury*）は「この価値ある仕事は宣教団体の活動に資するだけでなく、地域社会の社会的政治的な関心にも価値を有している」と報じている。再版をアメリカで出版した後に『宣教活動の論評誌』（*The Missionary Review of the World*）1893年7月号は『ズールー語の文法書』と総括して述べている。

1　本書は宣教活動が独創的な言語上の研究によって世界に対して大いに寄与していることを語っている。
2　文法書はバンソー語族の知的特質に光を投げかけている。
3　この文法書は言語に関するデザインと価値から多くの興味深く教育的な事柄を生み出している。
4　文法書の序文はたとえばアフリカ人の言語学者の理性的な見方など多くの一般的な関心を満たしている。
5　比較して使用できる多くの言葉があるので、バンソー語を使う者に役立つことが多い。

6　破壊的になるものを攻撃するために、時として非常に役立っている。

(5) 帰国後のグラウト

1862年に妻のリディアと共にグラウトはアフリカを後にしている。健康上の理由であったと思われるが、詳しくは分からない。

　健康を回復するとグラウトはアメリカの教会や海外宣教協会で働いている。最初に仕事をしたのはヴァーモント州サクトン川（Saxton's River）にある会衆派教会で、1年間説教をしている。その後、マサチューセッツ州のフィーディングヒルズ（Feeding Hills）にある教会の牧師を1865年の11月1日まで務める。それからアメリカ宣教協会（American Missionary Association）の書記とニューハンプシャー州とヴァーモント州のアメリカ宣教協会の職務を1878年11月まで13年間、務めている。この間、ヴァーモント州の西ブラッテボロ（West Brattleboro）に住んでいる。さらに1884年までアメリカ宣教協会で仕事をつづけ、その後1年間アトランタ大学（Atlanta University）で資料収集をしている。それからヴァーモント州のサドベリー（Sudbury）にある教会で1888年9月まで3年間仕事をしている。その後、西ブラッテルボロの自宅に帰り言語学を初めとした研究活動に従事し、1893年に『ズールー語の文法書』の再版を制作した。

　このように取り組まれたアメリカにおける仕事は明らかにアフリカでの仕事の延長上に位置づけられる。興味深い事実はアメリカにおけるグラウトの研究活動の成果に多くのアフリカ関連の研究成果が認められることで、以下の通りである。なお、時期を教会活動期（1862年〜65年2月、85年〜88年9月）、宣教協会活動期（1865年3月〜1884年）、研究活動期（1988年10月以降）と区分した。

教会活動期 (前期)

「ナタールの主教コレンソー博士の描写」(Sketch of Right Rev. J. W. Colenso, D. D., Bishop of Natal.) *Vermont Chronicle*, February, 1863.

「南アフリカのズールー国、ナタールとズールー国におけるカーフィル人の生活」(Zulu-Land; or Life among the Zulu Kafirs of Natal and Zulu-Land, South Africa.) With Map and Illustrations, largely from original Photographs. Philadelphia, 1864.

「ハームス牧師と彼のアフリカでの事業」(Pastor Harms and His African Enterprise.) *New York Independent*, August, 1864.

宣教協会活動期

「ズールー族カーフィル人地域における生活の回想」(Reminiscences of Life among the Zulu Kafirs.) *Boston Review*, November, 1865.

「ホッテントット族とバンツー族の原語の分類と特色」(The Classification and Characteristics of the Hottentot and Zingian [Bantu] Tongues.) Proceedings American Oriental Society, 1865.

「南アフリカに関する講義」(A Lecture on South Africa.) First delivered at Harmony Hall, February 25, 1875.

「南アフリカの動物に関する講義」(A Lecture on the Animal Kingdom of South Africa.) First delivered at Academy Hall, October 14, 1875.

「ズールー族の人々と知識に関する講義」(A Lecture on the Folk -lore of the Zulus.) Delivered in the Brattleboro Citizens' Course, February 9, 1881.

「教会と有色人種の関係」(The Relation of the Church to the Colored Race.) *New Englander,* November, 1883.

教会活動期（後期）

「ズールー国における宣教活動の5つの講話」（The Series of Five Articles on Mission Life in Zulu-Land.）*Germantown Telegraph*, 1886.

「ボーア人の生活と特色」（Life and Character of the Dutch Boers.）*Germantown Telegraph*, 1886.

「ズールー族の宗教的な見方と行動」（Religious Views and Practices of the Zulus.）*Missionary Review*, October, 1889.

研究活動期

「ボーア人と宣教活動」（The Boers and Missions.）*Missionary Views*, March, 1890.

「アフリカの状況と展望に関する5つの事実と思索の論説」（Five Article on Facts and Thoughts Respecting the Condition and Prospects of Africa.）*Christian Union*, August and September, 1890.

「ズールー族の間で活動したロード宣教師の死亡通知」（Obituary of Rev. D. Road, a Missionary among the Zulus.）*Missionary Herald*, June, 1891.

「バンツー語とズールー語に見られる相互の関係と法則」（The Mutual Relationship and Laws of the Bantu Languages as seen in the Kimbundu and Isizulu.）*Missionary Review*, November, 1891.

「標準的な言葉に関して、バンツー家族の典型」（Concerning a Standard Language; or, The Best Representative of the Bantu Family.）A Criticism of Rev. J. Torrend's Estimate of the Tonga Language. American Oriental Society's Proceeding, April, 1892.

「アフリカの神学、ズールー族の民間伝承に見られる彼らの信条」（African Theology; or, The Zulu's Creed as seen in His Folk-lore.）*Missionary Review*, June, 1892.

「アフリカの過去と現在、あの大陸で15年間何をしてきたか」（Africa,

Then and Now; What Fifty Years have done for the Dark Continent.）
New York Observer, July 14, 1892.

　『ズールー語文法書　再版』（The Isizulu: A Revised Edition of A Grammar of the Zulu Language, with An Introduction and An Appendix.） The Yale University Press. Published by A. B. C. F. M., Boston; Trubner and Co., London. 1893.

　「南アフリカのマタベル族」（The Matabele of South Africa.） *Independent*, December 21, 1893.

　「アフリカの外国」（The African Abroad.） *Vermont Phoenix*, March 30, 1894.

　「ボーア人」（Dutch Boers.） *Independent,* January 23, 1896.

　1897 年 4 月 27 日には妻のリディアを亡くし、1901 年 3 月 13 日には娘のアン（Miss Grout, Anno L.）を亡くしている。グラウト自身も 1905 年 3 月 12 日に西ブラッテボロの自宅で亡くなっている。90 歳であった。

おわりに

　グラウトにとってアフリカにおける宣教活動は何であったのか。アメリカに帰国してから変わることなく執筆をつづけた多くのアフリカ関連の作品がそれを雄弁に語っていると思われる。

　アフリカにおける宣教活動は 1847 年から 62 年まで、グラウト 32 歳から 47 歳までの 15 年間である。それに対してアメリカ帰国後も 30 年以上にわたってグラウトは活動を続けている。アフリカにおける期間の 2 倍以上の時をアメリカの教会と宣教協会において、また研究活動と仕事をしている。これらの活動を特色づけたのはアフリカに対する知的関心であった。

　グラウトのアフリカに対する立場は初期にアフリカで著した 2 冊の本がよく語っている。1855 年に書いた『コレンソー主教への返答』は、

ズールー族の立場に立ち彼らを信頼して書いている。1859年に発表した『ズールー語の文法書』は長年に渡る地道な努力が結晶した作品である。本書はアフリカの現地住民に対する変わることのないグラウトの関心を立証している。しかもアメリカに帰った後、初版を出してから34年後の1893年に再版を出版している。本書は帰国後もいかにアフリカへの関心を持ち続けていたかを如実に語っている。

　ただし、アフリカに関心を持ち続けたグラウトについて1点だけ指摘しておかなければならない。それは宣教師としてのあるいはキリスト教徒としての立場からであった。ここにアフリカ人に対するグラウトの関心の特色と限界がある。この事実はしかし、アメリカンボードの立場から見ると全く違った特色が明らかになる。すなわちアフリカ人に対して変わることのない関心を寄せたグラウトを19世紀中期のボードから見ると、現地人に対する信頼に生きた典型的な宣教師としての側面が浮かび上がってくるのである。

結章　本部の宣教方針に対応する各地域の宣教活動

はじめに

　19世紀前期の1820年代・30年代・40年代に宣教活動の拡大に伴っ
てすでに財政問題が発生していた[80]。この状況は19世紀中期にも続き、
1860年代には財政問題が深刻化している[81]。

　このような状況において前期から中期にかけて圧倒的な影響力を持っ
たのがアンダーソン（Anderson, Rufus 1796-1880）である。彼が主張
した「自治（Self-governing）」・「自給（Self-supporting）」・「宣教主体
（Self-propagating）」はアメリカンボード本部の宣教方針となり、各地域
のミッションに働きかけられた。とりわけ多くの費用を要した教育活動
に対してアンダーソンは「教育事業はミッションの費用で運用される限
り、現地人教師や説教者の育成に資するものでなければならない」と限
定的に定義した[82]。しかし、事情は単純ではなかった。各地域のミッショ
ンにとって最も広範に取り組み、現地人の理解と参加を勝ち得ていたの
が教育事業であったからである。そのためにボード本部の宣教方針は地
域ミッションと様々な軋轢を生みながら、実施されていった。

　それでは19世紀中期に本部の宣教方針と対応した各地域における宣
教活動はどのようなものであったのか。これまでに考察した宣教師を焦
点におき、それぞれのミッションの動向と地域住民の反応も含めて考察
したい。なお、具体的には「1　教育活動」、「2　教会活動」、「3　社

---

(80)　参照、「宣教活動の拡大と財政問題」塩野和夫、前掲書、54-58頁。

(81)　参照、第2章2「財政問題とその克服」と「女性宣教師の活躍」

(82)　参照、第2章3「アンダーソンの宣教思想」

会・研究活動」に分けて検討する。

（1）　教育活動

　19世紀中期にアメリカンボード本部が宣教方針としたのは教会活動の重視である。本部の姿勢は各地域のミッションに大きな影響を与えた。それにもかかわらず、なぜ「結章」の初めに「教育活動」が置かれるのか。19世紀前期に教育活動は各地域において広範に取り組まれる宣教活動となっていた。中期にはボード本部の方針により教育活動が制限された。ところが各地域の宣教活動を分析すると、中期にもなお教育活動が広範に実施されている。それはどのような活動内容であったのか。またなぜボード本部の方針にも関わらず実施されていたのか。セイロンミッションのアグニュー（Agnew, Eliza 1807-1883）・日本ミッションのグリーン（Greene, Daniel Crosby 1843-1913）・トルコミッションのハムリン（Hamlin, Cyrus 1811-1900）を取り上げ検討したい。

　まず、活動内容である。セイロンミッションのアグニューは1839年から79年まで専任教員として女子セミナリーであるウードゥヴィレ女学校で教えている。多くの生徒に初等教育を授けた自由学校に対して、女子セミナリーでは少人数に中等教育を教えた。1844年以降アグニューはウードゥヴィレ女学校の責任を負っている。彼女の強い意志と行動力によって女学校は存続したと考えられる[83]。日本ミッションのグリーンは1872年に神戸に英語学校を開いて教えていたが、ほぼ1年後に閉校している。1881年からは同志社の邦語神学校で約10年教えている。トルコミッションのハムリンはベベクセミナリーで1840年から60年まで教え、実業教育で得た収入によって生徒の服を買っている。

　次いでアメリカンボード本部の宣教方針に対する対応である。セイロンミッションの男子セミナリーはボード本部の方針に対応して1856

---

(83)　参照、第3章1「ウードゥヴィレ女学校とアグニュー」

年頃に閉鎖し、61年に神学教育に特化して再出発している。それに対して女子セミナリーは中等教育機関であり続けたが、ストロング（Strong, W. E）は「相応に制限を受けた」と指摘している。影響は生徒数の減少にも認められる。1850年代初めに90名代であった生徒数が60年代には40名代と低迷し、70年代初めにも50名代であったが後半には90名代に戻っている。日本ミッションのグリーンが関わった教育活動にはボード本部の宣教方針の影響が認められない。それは1872年に開いた英語学校が伝道活動への手掛かりを目的としていたこと、及び同志社がアメリカンボードとの協力関係にあったもののボードの設立ではなかったことによると考えられる。ボード本部の宣教方針に最も大きな影響を受けたのはトルコミッションのハムリンである。ボード本部は「サイラスがボード本部の唱導している方針に違反している」としてハムリンが教えているベベクセミナリーの閉鎖を決定した。この決定を協議したトルコミッションの会議でグッデル（Goodell, W. 1792-1867）がベベクセミナリーの存続を強く主張し、会議もこれを認めたのでかろうじて存続できた。しかし、トルコミッションのレンネップ（Lennep, Henry Van）やドゥワイト（Dwight, H. G. O. 1803-1862）はハムリンの教育方針に反対していたので、ハムリンはミッションにおいても厳しい状況に置かれていた。[84]

　地域住民の反応を最後に見ておきたい。セイロンミッションの女子セミナリーであるウードゥヴィレ女学校が開設当初の1820年代後半に生徒数の少なかったのは「女子教育への理解を欠いていた地域社会は生徒を送り出さなかった」ためである。その後安定した生徒数を確保していたウードゥヴィレ女学校の財政状況が1840年代に厳しくなると、援助の手を差し伸べたのはセイロン政府である。また、地域社会はアグニューを「1千人の娘たちの母」と呼んでいる。これらは地域社会のウー

---

(84)　参照、第3章3(3)「浅瀬を行く船にも似たセミナリー」

ドゥヴィレ女学校に対する親愛の情を伝えている。日本ミッションにおけるグリーンの教育活動に対する地域社会の反応は明らかではない。ただグリーンが同志社で教えた際に「経済的課題を抱えている者には配慮を示した」事実がある。⁽⁸⁵⁾このような人道的行動に対して地域社会も反応していた可能性はある。地域社会が最も反応を示したのはトルコミッションにおけるハムリンのベベクセミナリーに対してである。1840年代の初めの開設当初わずか2名だった生徒数は40年代半ばには40名から50名に増えている。その頃の地域社会からの訪問者は1年間に1,000名を越えていた。関心の強さがうかがえる。さらにセミナリーは実業教育でストーヴや煙突、十能や灰受け皿を作って販売し、その収益で生徒の服を買った。そのために寒い冬にもすべての生徒が温かい服を着ることができた。このような教育活動が地域社会の圧倒的な評価を得たことは十分に想像できる。

　各地域のミッションにおける教育活動を分析すると、アメリカンボード本部の宣教方針と地域住民の支持との間にあって動揺しながら実施されていたことが分かる。本部との軋轢が認められないのは日本ミッションのグリーンである。英語学校の開設にしても同志社で教えたこともボード本部の基本方針に沿っていたためだと考えられる。セイロンミッションのアグニューに場合はウードゥヴィレ女学校の継続に対してボード本部との少なからぬ軋轢が生じていたと推測できる。それが19世紀中期における生徒数の減少につながっていたし、1840年代にセイロン政府から援助の手が差し伸べられたのも地域住民の評価に対応した行動であったと考えられる。ボード本部の宣教方針と地域住民の評価への対応に鮮明な対立を示しているのはトルコミッションのハムリンのケースである。本部は方針としてベベクセミナリーの閉鎖を決め、ミッション内部にも公然と批判する宣教師がいた。これらはボード本部の宣教方針に

---

(85)　参照、第3章2(4)「その後のグリーン」

沿う行動であった。それに対して地域住民は圧倒的にべベクセミナリーの教育方針を支持した。対立する両者の間をハムリンは地域住民の声に対応して教育活動に取り組んだ。それは地域住民からは支持されたが、やがてハムリンがボードの宣教師を辞任する要因となる。

（2）　教会活動

19世紀中期にアメリカンボード本部が基本方針とした教会活動は「自治・自給・宣教主体」という標語が示している通り、明確な内容規程を伴っていた。日本宣教に旅立つグリーンに託された使命書がその内容をよく示している。冒頭の3項目は次の通りである。[86]

1　グリーンに託された伝道の目的は、独立自給の教会形成にある。
2　日本での働きは、直接的な福音宣教であり、文書伝道や教育活動ではない。
3　日本人の牧師を育成し、信徒による献金があれば教会を組織するように。

それでは各ミッションにおいて教会活動はどのように取り組まれていたのであろうか。活動内容を明らかにしたうえで、いくつかの側面から検討したい。セイロンミッションのアグニュー・日本ミッションのグリーン・トルコミッションのハムリン・ズールーミッションのグラウト（Grout, Lewis 1815-1905）を取り上げる。

まず教会活動で、日本ミッションのグリーンとズールーミッションのグラウトの場合である。1870年3月に宣教地と決定した神戸に転居したグリーンは72年12月に神戸の宇治野村で英語学校を開き、バイブルクラスを始めている。73年2月に切支丹禁制の高札が撤去されると、そ

---

(86)　参照、第3章2「はじめに」

の月に神戸元町通にキリスト教書を扱う書店を開き、9月から日本語に
よる礼拝を12月には安息日学校を始めている。なお、この時に英語学
校は閉鎖している。書店における礼拝は順調に推移し、74年4月19日
に11名が洗礼を受け、グリーンを初代仮牧師として摂津第一公会（現
在の日本基督教団神戸教会）を設立している。アメリカンボードと関係
する日本組合教会最初の教会である。ところが、教会設立からわずか2
か月後の6月11日にグリーンは聖書の翻訳作業に参加するために横浜
に転居している。⁽⁸⁷⁾グラウト夫妻は1847年2月15日にイギリス植民地ナ
タールに到着し、さらにステーションを形成するためにウムサンドゥジ
（Umsanduzi）に向かい、直ちにズールー族に対する教会活動に着手し
ている。活動内容としては人々にキリスト教を教え、説教し、巡回伝道
にも出かけている。また教会活動を進めていくために時に建築家や大工
となり、レンガ製造人や石工、車輪の製造者も務め、時には医師や歯科
医ともなった。こうしてグラウトの在任中にウムサンドゥジステーショ
ンには50名の礼拝出席者と12名の教会員を数えた。⁽⁸⁸⁾ところが、グラウ
トは教会活動と共に研究活動にも意欲的に取り組み、1855年には『コレ
ンソー主教の意見に対する返答、異教から改宗者に認められる一夫多妻
主義に対する適切な扱いに対して』（*A Reply to Bishop Colenso's Remarks
on the Proper Treatment of Cases of Polygamy, as Found Already Existing in
Converts from Heathenism. By an American Missionary.* 以下、『コンソ
レー主教への返答』と略記する）を1859年には『ズールー語の文法書─
歴史的な序文と付録付き』（*The Isizulu. A Grammar of the Zulu Language:
accompanied with a Historical Introduction, also with an Appendix* 以下、
『ズールー語の文法書』と略記する）を出版している。

　グリーンとグラウトの教会活動をアメリカンボード本部の宣教方針

---

(87)　参照、第3章2(3)「日本ミッションの一翼を担う」

(88)　参照、第3章4(2)「ズールーミッションにおいて」

との関わりから考察する。日本ミッションに着任した当時、グリーンが
ボード本部の基本方針を意識し、それに沿って神戸における活動を展開
したことは明らかである。それにもかかわらずボード本部の理解を得ら
れなかった活動もある。1870年5月に始めた外国人を対象とした礼拝が
そうである。72年11月には礼拝堂を完成してユニオンチャーチ（Union
Church of Christ）と名付け、グリーンが初代牧師に就任している。同様
に1870年代に他教派との共同作業として打ち込んだ新約聖書翻訳作業
もふさわしい活動とは認められなかった。ボード本部は組合教会の活動
に限定して評価していたためである。グラウトのウムサンドゥジステー
ションにおける教会活動もボード本部の基本方針に沿う活動であった。
それにもかかわらず、一連の研究活動がボード本部の基本方針から外れ
ていたことは明らかである。グリーンにしてもグラウトにしても一方で
ボード本部の基本方針に沿う教会活動に従事しながら、なぜそこから外
れた活動に対して熱意を示したのか。ここに彼らに向けられた問いがあ
る。

　19世紀前期に広範に教育活動が取り組まれたのは教会活動への手掛
かりがあったためである。[89]そこで、19世紀中期にも教会活動との関わ
りからセイロンミッションのアグニューとトルコミッションのハムリン
の教育活動を検討しておきたい。アグニューがウードゥヴィレ女学校で
教会活動を行ったかどうかは記述がないために分からない。ただ、女学
校が寄宿制度を使用していたこと、セイロンミッションから反対の声が
出ていない点などを考慮すると、ある程度は伝道活動を実施していた可
能性が高い。それに対してベベクセミナリーにおけるハムリンはどうで
あろうか。アンダーソンが「サイラスは生徒たちには注意深い配慮を示
している。しかし、彼は決して生徒に改宗を試みようとはしない」と伝
道活動に消極的なハムリンを指摘している。これが本部のベベクセミナ

(89)　「教育を手掛かりとした宣教活動」塩野和夫、前掲書、29〜38頁

リー閉鎖を決議する主要な要因であったと推測できる。ボード本部や所属ミッションの対応の違いもアグニューがある程度女学校において伝道活動を実施していた可能性を推測させている。

(3)　社会活動と研究活動

　まず社会活動として日本ミッションのグリーンとトルコミッションのベベクセミナリーにおけるハムリンの社会福祉的活動を取り上げる。研究活動としてはズールーミッションにおけるグラウトのケースを取り上げる。

　グリーンが社会活動に関心を示した片山潜の神田におけるキングスレー館建設への支援や日本アジア協会会長、平和協会会長を務めたのはいずれも1890年以降で19世紀後期になる。しかしながら、社会活動に共通する動機による活動が19世紀中期にも見られた。たとえば、市川栄之助の獄中死以降40年余りにわたって続けられた市川まつへの生活支援である。このように社会的活動と共通した動機からグリーンが取り組んだ社会的弱者に対する活動は中期にも認められる。ベベクセミナリーでハムリンは生徒と共にストーヴや煙突を作って販売し、それによって得た収益で生徒の服を買った。この福祉的行為は社会活動的性格を帯びている。同様にベーカリーを建設してクリミア戦争による負傷者にパンを届け、洗濯工場を建設して洗濯物を洗い、コレラの発生に際しては薬を配布した活動は社会活動としての性格を帯びている。グラウトの研究活動の成果として1855年に『コンソレー主教への返答』を出版している。ズールーミッションに着任して9年目であり、ミッションにおける熱心な教会活動を背景としている。それから4年後の1859年に出版した『ズールー語の文法書』は着任13年目、共同作業に着手し

---

(90)　第3章2(4)「その後のグリーン」

(91)　第3章3(2)「ベベクセミナリーにおけるハムリン」

てから10年目の成果であった。

　そこでアメリカンボード本部の基本方針との関わりからそれぞれの活動を分析しておきたい。これに関してグリーンとハムリンは対照的な取り組み方をしている。一貫して社会的弱者への関心を示していたグリーンが本格的に社会的活動に取り組んだのは1890年代以降で、19世紀後半に入りボード本部が基本方針を変更した後である。それに対して19世紀中期には基本的には教会活動に従事しながら、社会的関心による行動は個人レベルの行為に留めていた。したがっていずれの場合にも社会的関心による行動でグリーンがボードの方針と対立する事態には至らなかった。それに対してハムリンは19世紀中期にベベクセミナリーにおいて、あるいはセミナリーの支援を得ながら社会的活動に取り組んでいる。したがって、ハムリンの社会的活動はボード本部の基本方針と対立した。グリーンとハムリンンの社会的活動を比較してみると、ボード本部の基本方針を尊重しながら社会活動に取り組んだグリーンとボード本部の基本方針を承知しながら社会活動に積極的に取り組んだハムリンとの違いが顕著になる。両者の中間的な位置にあるのがグラウトの研究活動である。ズールーミッションの教会活動に熱心に取り組む傍らグラウトは研究活動に従事していた。特に『コンソレー主教への返答』は教会活動を背景としている。したがって、研究活動でありながらも教会活動との接点を明確に持っている。それに対して『ズールー語の文法書』はボード本部の基本方針から逸脱した研究成果である。ただし、地域の関係者との協力による成果であり、宣教諸団体からも高く評価されている。これらを総合的に考えると、ボード本部の基本方針から逸脱しているからといって直ちに批判するわけにはいかない性格が浮かび上がってくる。

おわりに

　19世紀中期におけるアメリカンボード本部の基本方針は各ミッションにおいてどのように実施されていたのであろうか。日本ミッションの教会設立を見ると次の通りである。

1874年　2教会（神戸公会・梅本町公会）
1875年　1教会（三田公会）
1876年　5教会（兵庫公会・多聞公会・西京第一公会・西京第二公会・西京第三公会）
1877年　1教会（浪花公会）
1878年　2教会（安中教会・明石教会）
1879年　5教会（天満橋教会・彦根教会・八日市教会・今治教会・新肴町教会）
1880年　1教会（岡山教会）

　あるいはズールーミッションは1851年に12のステーションを展開し、当時935名の礼拝出席者と266名の教会員を擁していた。このように2ミッションの事例を見ると、ボード本部の基本方針が各ミッションで有効に実施され着実な成果を挙げていたことが分かる。
　それにもかかわらずセイロンミッションのアグニュー・日本ミッションのグリーン・トルコミッションのハムリン・ズールーミッションのグラウトを個別に調べていくとボード本部の基本方針に沿わない活動が明らかになる。所属ミッションがボード本部の基本方針に沿う活動を展開していた中で、なぜ彼らはそのような活動を担っていたのであろうか。
　それは福音が教育や社会、研究を含む全人格的な課題を対象としたからだと考えられる。アグニューのウードゥヴィレ女学校における中等教育にしても、ベベクセミナリーにおけるハムリンの社会福祉的性格を

持った教育活動にしても、それらは人間と社会に対する宣教活動である。グリーンの一貫した社会的弱者に対する関心も福音に基づいている。グラウトの研究もまた福音に基づく活動に違いない。そうだとすれば、彼らの教育・社会・研究活動と19世紀中期におけるボード本部の基本方針との違いはどこにあるのか。

　アメリカンボード本部の基本方針は全人格を対象とする福音を限定的に解釈することによって教会活動を強化した。それに対応した各地域のミッションは相応の成果を挙げた。しかし、福音から見るとこれらの活動は限定的であり、人間と社会に対して十分に対応していない。4人の宣教師はそれぞれの持ち場と方法でこの限界に挑戦していたと言える。

あとがき

『塩野ゼミ卒業文集』（2018年3月20日）でも「はしがき」で紹介した2種類の本『浅瀬を行く船にも似て』と『キリスト教教育と私』について触れている。しかも、研究書である前書と自分史の後書は性格を異にすると紹介している。ところが、遠く離れていると理解されていた2種類の本がわずか3年余り後に著者の中では急速に接近していた。研究に向けたチャレンジ精神を求める前書と自らの生き方を探究する後書の性格に変化はなく、両書は隔たっている。そうであるのに何が両書の距離を縮めたのか。

それは「はしがき」の最後で述べていた共感性だと思われる。2005年に出版した『19世紀アメリカンボードの宣教思想1　1810－1850』においても、ボンベイミッションのホール・チェロキーミッションのウースター・トルコミッションのグッデル・広東ミッションのパーカーの生き方に共感を覚えながら執筆した。ところが、セイロンミッションのアグニュー・日本ミッションのグリーン・トルコミッションのハムリン・ズールーミッションのグラウトに覚えた今回の共感性には自分史との相違を越えさせるだけの力があった。

このように新たな共感の力をもたらしたものは何なのか。それは脳梗塞の病とそれに続く障害を負いながら生活した15年を越える日々から来ている。2種類の本の性格に変化はなく、両者は性格を異にしている。それにもかかわらず病を通して獲得されていた感受性は、世界の各地で

活動していた宣教師の生き方に自分史にも通じる共感を覚えさせていた。この事実に筆者は驚かされている。

　ところで、本書の編纂作業に関わっていた2021年秋から2022年初頭にかけては、塩野ゼミ22期生が卒業論文の執筆に取り組んだ時期と重なっている。したがって、卒論の指導に多くの時間を割きながら並行して編纂作業を行っていた。しかし、事情は単純ではない。筆者がコロナに対するハイリスク者と判断されたため、2020年度・2021年度の2年間は対面授業を禁止されたからである。そのために22期のゼミ生に対しては2年生の時（2019年度）しか通常のゼミを開くことができなかった。3年生・4年生の2年間は全てオンラインによるゼミだった。当初、ゼミ生からは「先生、大丈夫でしょうか。卒論、書けるでしょうか?!」と不安を聞かされた。そんな彼らに紹介したのが本書の取り組みである。「皆さんが卒論を書いている時に、私も新しい本の編集に取り組んでいる。だから、お互いに頑張ろう」。このように励ましあった事情から、彼らの卒業式にはぜひ一人ひとりに本書を贈呈したいと願っている。

　「はしがき」で紹介した通り、本書は『国際文化論集』に発表した11本の論文から構成されている。西南学院大学学術研究所はこれらの転載を許可下さり、編纂作業に着手できた。その事実を記して感謝の意を表したい。

　萱田美紀さんは2021年春から夏にかけて依頼されたデータの打ち込みに対して、細心の注意を払い応えて下さった。彼女の仕事に多くを負っている事実に感謝している。

　花書院の仲西佳文さんとキャンパスサポート西南の松嶋愼一さんには折々に適切なアドバイスをいただいた。彼らの助力があって本書が出版できた事実を述べて感謝としたい。

　本書の執筆には15年以上の月日を要している。その間には交通事故と脳梗塞の発症があり、それらの後遺症によって研究生活は一変した。本書の出版に関してもあたかも「浅瀬を行く船にも似て」長く断念せざ

るを得ない日が続いていた。それにもかかわらず、出版の日が近づいている現実を筆者はにわかには信じがたい気持ちでいる。ただ一つ確かなことは15年の月日を変わることなく支えてくれた塩野まりの存在である。彼女の助力を得て、不可能と思われた出来事が可能となっている。

2022年1月
生松台の自宅にて
塩野和夫

〈著者紹介〉

塩野 和夫（しおの・かずお）

1952年大阪府に生まれる。同志社大学経済学部卒業。
同大学大学院神学研究科後期課程修了、博士（神学）。
日本基督教団大津教会、宇和島信愛教会、伊予吉田教
会、西宮キリスト教センター教会牧師を経て、現在、
西南学院大学国際文化学部教授。

著書に『日本組合基督教会史研究序説』『日本キリスト
教史を読む』『19世紀アメリカンボードの宣教思想 I 』
『キリストにある真実を求めて ―― 出会い・教会・人
間像』（新教出版社）、*The Philosophy of Missions of the
A.B.C.F.M. in the 19th Century I*（自費出版）、『禁教国
日本の報道』（雄松堂出版）、『近代化する九州を生きた
キリスト教』『キリスト教教育と私　前篇』『キリスト
教教育と私　中篇』『キリスト教教育と私　後篇』（教
文館）、『継承されるキリスト教教育 ―西南学院創立百
周年に寄せて―』（九州大学出版会）、『祈りは人を育て
る―西南学院につながる私たち―』『宝が隠されてい
る―キリスト教学校に学ぶ・教える―』『うれしいや
ないか シオノ!!―心の世界を描く―』『仕事がある、
生活できる ありがたいこっちゃ』『コロナ後への証言
―みんなが一つになったメッセージ―』（花書院）等。

浅瀬を行く船にも似て
― 19世紀アメリカンボードの宣教思想II　1851-1880 ―

2022年 3 月 1 日　初版発行

著　者　　塩　野　和　夫

発行所　　㈲ 花 書 院
　　　　　〒810-0012 福岡市中央区白金 2-9-2
　　　　　電話　092-526-0287
　　　　　印刷・製本／㈱キャンパスサポート西南